Arbeitsmaterialie

Dokumente zu
Friedrich Dürrenmatt
‚Die Physiker'

Ernst Klett Stuttgart

Arbeitsmaterialien Deutsch

Dokumente zu Friedrich Dürrenmatt ‚Die Physiker‘

Bearbeiter dieses Heftes
Dr. Peter C. Plett, Regierungsdirektor und Studienrat in Bonn

1. Auflage   1 5 4 3 2 1 | 1976 75 74 73 72

Einband: Lämmle
Druck: Ernst Klett, 7 Stuttgart, Rotebühlstraße 77.
ISBN 3 - 12 - 344500 - 3

Inhaltsverzeichnis

Dokumente
zu Friedrich Dürrenmatt ‚Die Physiker‘

1. Werk

1.1. Erläuterungen zum Text

Seite	(in der Textausgabe Arche-Bücherei 1962, 76 Seiten)	
21	Stethoskop	= medizinisches Hörrohr
26	Dossier	= Aktenbündel, Gesammelte Dokumente
34	Sulamith	= biblischer weiblicher (Vor-)Name
35	Methanbrei	= Gärender Schlamm in Sümpfen oder Kläranlagen, aus dem durch bakterielle Zersetzung Methangas frei wird.
35	Sirius	= Stern
35	Kanopus	= Stern
58	Gravitation	= Schwerkraft, Anziehungskraft
58	Elementarteilchen	= Bausteine eines Atoms bzw. dessen Kerns
58	Feldtheorie	= von Faraday an die Stelle der Fernwirkungstheorie gesetzt, postuliert, daß die Kraftwirkung auf zwei Ladungen durch einen entsprechenden Zustand des Raumes von Ort zu Ort getragen wird. Die F. der Elementarteilchen sucht bisher ohne Erfolg einen einheitlichen Ansatz, in dem die Gesamtheit der Elementarteilchen erscheint.
65	Basedow(sche Krankheit)	= sog. ‚Glotzaugenkrankheit‘, durch vermehrte Tätigkeit der Schilddrüse hervorgerufen
66	Koryphäe	= hervorragende Persönlichkeit bzw. Fachmann

1.2. Die Entstehung des Stückes

Dürrenmatt hat nicht verlauten lassen, woher die Idee oder Fabel des Stückes stammt und von wann. Es gibt einige Kritiker, die Dürrenmatt ideengeschichtlich einordnen wollten; aber dieses mühselige Unterfangen ist zumindest für ‚Die Physiker‘ fruchtlos gewesen.

Von überraschender Zufälligkeit scheinen mir vielmehr einige Passagen zu sein, die Dürrenmatt am 7. Dezember 1956 in ‚Die Weltwoche‘ in einer Rezension zu Robert Jungks Buch ‚Heller als tausend Sonnen‘ äußert. Dort heißt es unter anderem:

„[...] Robert Jungk verzichtet darauf, den Gegenstand der bedenklichen Forschung näher darzustellen, um den es hier geht, [...] er zeichnet die Akteure. [...] doch dringt die Möglichkeit der Höllenbombe noch nicht zu den Politikern, und im Sommer 1939 hätten noch zwölf Menschen durch gemeinsame Verabredung deren Bau verhindern können. Sie taten es nicht [...]. Vergeblich versuchen Einstein und Szilard [...] ihren Vorschlag rückgängig zu machen. Der Schreibtischgeneral Groves hat die Sache schon in die Hand genommen und durchgepeitscht, riesige Fabrikanlagen sind entstanden, die Atomforscher unter Anführung Oppenheimers in die Macht der Militärs geraten, kaserniert und überwacht [...]

[...] eingeleitet durch den irrsinnigen Versuch, die Atombombe geheimzuhalten, Wissenschaft als ein Staatsgeheimnis zu behandeln, kalter Krieg und Verrat [...]

[...] Auch gibt es keine Möglichkeit, Denkbares geheim zu halten. Jeder Denkprozeß ist wiederholbar. Das Problem der Atomkraft — die Atombombe ist nur ein Sonderfall — kann nur international gelöst werden. Durch Einigkeit der Wissenschaftler.

[...] Nun ist es unmöglich, die Pflicht, ein Dummkopf zu bleiben, als ethisches Prinzip aufzustellen. Die Frage lautet, wie sich die Physiker in der heutigen Welt verhalten müssen und nicht nur die Physiker. — Denken kann vielleicht überhaupt in Zukunft immer gefährlicher werden [...]. Das Wissen fürchtete sich vor der Macht und lieferte sich deshalb den Mächten aus. [...] Über die Atomkraft verfügen nun die, die sie nicht begreifen. Es ist daher nicht zu bestreiten, daß die Elite versagte. Der Ausspruch des Mathematikers Hilbert, den Jungk überliefert, daß die Physik für die Physiker zu schwer sei, bestätigte sich auf gespenstische Weise [...]. Daß alles menschlich verständlich ist, macht die Geschichte teuflisch. So entsteht schließlich der Eindruck, daß all diese apokalyptischen Bomben nicht erfunden wurden, sondern sich selber erfunden haben, um sich, unabhängig vom Willen einzelner, vermittels der Materie Mensch zu verwirklichen." (‚Theater-Schriften‘, S. 272–276)

Die Parallelen zum Stück und zu ‚21 Punkte zu den Physikern‘ sind offensichtlich. Sie gehen in einigen Fällen bis zu wortgleichen Formulierungen. Damit wissen wir, daß Dürrenmatt zumindest seit dem Jahre 1956 mit dem Thema beschäftigt ist bzw. von ihm ergriffen wurde. Genau fünf Jahre später ist das Stück dann fertig da, ohne daß über das Werden etwas bekannt wurde. Der nächste Hinweis auf das Stück stammt erst von Kurt Horwitz, der die Uraufführung inszenierte: „[...] Wesentlich ist, daß das Buch Dürrenmatts in einer besonders schönen Weise fertig war und nicht mehr geändert werden mußte. [...] (In: ‚Das Schönste‘, 8, 1962, 3, S. 32)

2. Autor

2.1. Biografische Übersicht

„Ich wurde am 5. Januar 1921 in Konolfingen (Kanton Bern) geboren. Mein Vater war Pfarrer, mein Großvater väterlicherseits Politiker und Dichter im großen Dorfe Herzogenbuchsee. Er verfaßte für jede Nummer seiner Zeitung ein Titelgedicht. Für ein solches Gedicht durfte er zehn Tage Gefängnis verbringen. ‚Zehn Tage für zehn Strophen, ich segne jeden Tag‘, dichtete er darauf. Diese Ehre ist mir bis jetzt nicht widerfahren. Vielleicht liegt es an mir, vielleicht ist die Zeit so auf den Hund gekommen, daß sie sich nicht einmal mehr beleidigt fühlt, wenn mit ihr aufs allerschärfste umgesprungen wird. Meine Mutter (der ich äußerlich gleiche) stammt aus einem schönen Dorfe nahe den Bergen. Ihr Vater war Gemeindepräsident und Patriarch."

Mit diesen Worten beginnt Friedrich Dürrenmatt das Geleitwort ‚Vom Anfang her‘, das er seiner Lesung von ‚Herkules und der Stall des Augias‘ voranstellt. (Deutsche Grammophon-Gesellschaft, 1957. Abgedruckt in ‚Theaterschriften‘, S. 28). Seine Eltern Reinhold Dürrenmatt und Hilda Zimmermann waren bereits zwölf Jahre ohne eigenes Kind verheiratet. Deshalb hatten sie vor Friedrichs verspäteter Geburt ein Mädchen an Kindes Statt angenommen. Drei Jahre nach Friedrich kam noch eine Schwester zur Welt. — In dem Dorf Konolfingen besuchte Friedrich Dürrenmatt die Primarschule, spielte gern Fußball, soll sich wenig um die Schule gekümmert und demzufolge recht schlechte Zeugnisse erhalten haben. Zur anschließenden Sekundarschule fuhr er dann täglich in den Ort Großhöchstetten.

1935 siedelten die Dürrenmatts nach Bern über. Der Vater wurde Geistlicher am Salemspital und am Diakonissenheim. Friedrich besuchte zunächst das Freie Gymnasium,

später das Humboldtianum, wo er die Maturitätsprüfung absolvierte. Danach hörte er an den Universitäten Zürich und später Bern literarische, philosophische und naturwissenschaftliche Vorlesungen. Annähernd gleichzeitig (also etwa 1940) wird er sich außer mit den geliebten Malen auch mit Schreiben beschäftigt haben. Am 2. 10. 1943 vollen-
5 dete er die (ungedruckte) ‚Komödie‘. 1945 erschien die kurze Erzählung ‚Der Alte‘. Da es Dürrenmatts Berufsziel war, Maler zu werden, schloß er seine literarischen und naturwissenschaftlichen Studien nicht ab. Vermutlich nahm er sie nicht einmal ernst. 1946 bis 1948 lebte er in Basel. Dort entstand das Stück ‚Es steht geschrieben‘, das am 19. 4. 1947 am Schauspielhaus in Zürich uraufgeführt wurde. Im gleichen Jahre des ersten Erfolges
10 heiratete er die Schauspielerin Lotti Geißler aus Ins. Mit ihr ließ er sich ab 1948 in dem Dorfe Ligerz am Bielersee nieder. Dort in der ‚Festi‘ malte und schrieb er als freier Künstler und lebte bescheiden; gelegentlich durch Stipendien oder mit Hilfe kleinerer Mäzene. Wenig Erfolg hatte Dürrenmatt als Texter für das Kabarett und als Theaterkritiker in der Saison 1951/52. Mehr Erfolg brachte ihm die eigene Schriftstellerei, z. B.
15 als Hörspielautor. Sein Verleger Schifferli bezeichnete diese frühe Situation treffend: „Er schreibt eigentlich nur, weil ihm niemand seine Bilder abgenommen hat. Zum Glück!"

1952 verlassen die Dürrenmatts Ligerz. Seitdem bewohnen sie mit ihren drei Kindern ein Haus oberhalb von Neuenburg (Neuchâtel). Elisabeth Brock-Sulzer, die sich von
20 allen Literaturwissenschaftlern am intensivsten mit Dürrenmatts Werken beschäftigt, hat über Haus und Garten Details mitgeteilt, die jedoch wenig zur Erhellung der Werke beitragen. Es muß überhaupt festgestellt werden, daß Kenntnisse über Dürrenmatts Biografie bisher fast keinen Nutzen für das Verständnis seiner Werke haben; und umgekehrt: Die Werke tragen keine direkten autobiografischen Züge. Diese Aussagen
25 mögen für Dürrenmatts eigene und selbst-bewußte Geistesgeschichte weniger zutreffend sein. So hält er seine dörfliche Herkunft (kokettierend?) für wichtig: „[...] Ich bin kein Dorfschriftsteller, aber das Dorf brachte mich hervor, und so bin ich immer noch ein Dörfler mit einer langsamen Sprache, kein Städter, am wenigsten ein Großstädter, auch wenn ich nicht mehr in einem Dorfe leben könnte. [...]" Dann ist das Problem der
30 Sprache. Dürrenmatt schrieb dazu: „[...] Ich lebe in der französischen Schweiz, weil die Leute hier weder die Sprache reden, die ich schreibe, noch jene, die ich rede. [...] Ich muß immer wieder die Sprache, die ich rede, verlassen, die ich nicht reden kann; denn wenn ich Deutsch rede, rede ich es mit einem berndeutschen Akzent. [...] Die Sprache, die man redet, ist selbstverständlich. Die Sprache, die man schreibt, scheint selbstver-
35 ständlich. In diesem ‚scheint‘ liegt die Arbeit des Schriftstellers verborgen. [...] Welcher Schriftsteller der Welt lebt dort, wo man die Sprache redet, die er schreibt? Die Sprache, die er schreibt, redet nur aus seinem Werk." (In: ‚Weltwoche‘, 10. 11. 1967, zitiert nach Brock-Sulzer: Dürrenmatt in unserer Zeit, 1968, S. 18 f). Auch diese seine Schwierigkeiten sind den Werken kaum anzumerken.
40 In Neuenburg fühlt Dürrenmatt sich wohl. („Ich muß zum Arbeiten zu Hause sein. Ich kann eigentlich nur in meiner Schreibstube arbeiten.") Nach den bereits vorliegenden Stücken ‚Der Blinde‘ (1948), ‚Romulus der Große‘ (1949), entstehen hier ‚Die Ehe des Herrn Mississippi‘ (1952), ‚Ein Engel kommt nach Babylon‘ (1953) sowie Hörspiele und Prosa. Daneben natürlich Zeichnungen und Bilder, gelegentlich als Illustrationen
45 wie z. B. zu dem Hörspiel ‚Herkules und der Stall des Augias‘. Im Jahre 1956 gelang mit ‚Der Besuch der alten Dame‘ ein Stück von überragender Weltgeltung. Mußten hier die Kritiker vor dem Einfallsreichtum und der Originalität verstummen, so gab Dürrenmatt ihnen drei Jahre später mit ‚Frank V. Oper einer Privatbank‘ Gelegenheit, über das mißglückte Stück herzufallen und den Autor als schlechten Brecht-Schüler zu bezeichnen.

7

Eine Reihe von Auslandsreisen bilden um 1960 einen Einschnitt: Er besucht New York, London, Berlin; später die Sowjetunion. In die gleiche Zeit fällt eine Serie von Preisen: 1957 Kriegsblindenpreis, 1958 Literaturpreis der ‚Tribune de Lausanne‘, 1959 Preis der Kritiker von New York, 1959 Schillerpreis der Stadt Mannheim, 1959 Ehrengabe der Berner Erziehungsdirektion, 1960 Preis der Schweizerischen Schillerstiftung.   5

Nach diesen weitgehend unfreiwilligen Auftritten in der Weltöffentlichkeit zog Dürrenmatt sich wieder in sein Haus zurück und schrieb sein zweites Meisterwerk ‚Die Physiker‘. 1966 folgt dann wieder eine große Komödie: ‚Der Meteor‘ und 1967 die Komödie ‚Die Wiedertäufer‘. Im Anschluß an diese Jahre der Produktion folgt ein Theaterexperiment. Dürrenmatt lockt die Tätigkeit des Regisseurs. So gelingt es dem Leiter des   10
Basler Stadttheaters, Werner Düggelin, den Autor als dramaturgischen Beirat zu verpflichten. Dürrenmatt möchte ein Theaterlaboratorium einrichten, das Theater in eine Produktionsanstalt verwandeln. Er sieht das Unterfangen selbst skeptisch: „Ich will nicht sagen, daß das nun ein Dauerzustand sein wird. Es ist ein Intermezzo, ein Versuch, der mich reizt." Er bearbeitete Shakespeares ‚König Johann‘ und Strindbergs ‚Totentanz‘ =   15
‚Play Strindberg‘, bereitet die Inszenierung der Stücke ‚Biedermann und die Brandstifter‘, ‚Die Ehe des Herrn Mississippi‘ und Shakespeares ‚Titus Andronicus‘ vor. Aber im Oktober 1969 schied Dürrenmatt bereits wieder aus. In seiner Rede beim Empfang des Berner Kultuspreises am 25. 10. 1969 bezeichnet Dürrenmatt sein Basler Theaterexperiment als gescheitert.   20

2.2. Dürrenmatts Verhältnis zum Schreiben

Dürrenmatts Theaterstücke lassen an keiner Stelle vermuten, daß sich hier ein gescheiterter Maler schließlich dem Drama zuwandte. Und doch ist es so. Noch in einem Gespräch mit Martin Esslin, das im Frühjahr 1963 in London stattfand — also zu einem Zeitpunkt, da Dürrenmatt als Autor bereits Weltgeltung besaß — sagte er: „Ich habe   25
jedoch nicht von Anfang an Dramatiker werden wollen. Fern lag mir die Philosophie, besonders die Erkenntniswissenschaft, die Wege unseres Denkens. Ich wollte Maler werden. Als ich begriff, daß ich als Maler gescheitert war, geriet ich in eine ernste geistige Krise, bis ich mich schließlich dem Drama zuwandte [...]" (Deutsch von P. C. Plett).

So kam Dürrenmatt spät zum Theater, aber sogleich mit klassischem Hintergrund: „Ich war vom Griechischen und Lateinischen fasziniert; es sind die großen griechischen   30
Tragödien und Aristophanes, die nach meiner Ansicht den größten Einfluß auf mein Werk haben." (Gespräch mit Esslin) Über die Rolle des Schriftstellers bzw. über seine Motive des Schreibens hat Dürrenmatt sich ebenfalls geäußert. Dabei finden sich scheinbar so gegensätzliche Worte: „Darum müssen Sie sich jetzt auch einen Schriftsteller wie mich gefallen lassen, der nicht von dem redet, was er mit den Augen sondern von   35
dem, was er mit dem Geiste gesehen hat, der nicht von dem redet, was einem gefällt, sondern von dem was einen bedroht. Ich bin ein Protestant und protestiere. Ich zweifle nicht, aber ich stelle die Verzweiflung dar. Ich bin verschont geblieben, aber ich beschreibe den Untergang; denn ich schreibe nicht, damit Sie auf mich schließen, sondern damit Sie auf die Welt schließen. Ich bin da, um zu warnen." (‚Fingerübung zur Gegen-   40
wart‘, 1952).

Nur wenige Jahre später klingen die Worte anders und für den reifen Dürrenmatt typischer: „Überhaupt tut es dem Schriftsteller gut, sich nach dem Markt zu richten. Er lernt so schreiben, listig schreiben, das Seine unter auferlegten Bedingungen zu treiben. Geldverdienen ist ein schriftstellerisches Stimulans. Trost: Daß der Mensch unterhalten   45
sein will, ist noch immer für den Menschen der stärkste Antrieb, sich mit den Produkten der Schriftstellerei zu beschäftigen. Indem sie den Unterhaltungstrieb einkalkulieren,

schreiben gerade große Schriftsteller oft amüsant, sie verstehen ihr Geschäft." (‚Schriftstellerei als Beruf'. 1956) Vom gleichen Jahr stammt die ergänzende Äußerung: „Ich
liebe es nicht, vom Sinn der Dichtung zu reden. Ich schreibe, weil ich nun einmal den
Trieb dazu habe, weil ich es liebe, Geschichten zu erzählen, ohne mich bemüßigt zu
fühlen, bei der Auflösung der Welträtsel dabei zu sein." (‚Vom Sinn der Dichtung in
unserer Zeit')

2.3. Dürrenmatts Vorstellungen von Bühne und dramatischer Kunst
Mit diesen Zitaten stehen wir bereits an der Schwelle zu Dürrenmatts grundlegenden
Überlegungen zu Bühne, Theater und Drama, die sich recht eindeutig auf das Jahr 1955
datieren lassen. Er hat diese Grundposition seitdem beibehalten, sie jedoch aus besonde-
rem Anlaß — z. B. für ‚Die Physiker' — spezifiziert.

2.3.1. Sicht des Theaters 1955 (‚Theaterprobleme')
In diesem Jahr erschien die Schrift ‚Theaterprobleme', mit der Dürrenmatt seine Grundposition beschrieb: „[...] Die Bühne stellt für mich nicht ein Feld für Theorien, Welt-
anschauungen und Aussagen, sondern ein Instrument dar, dessen Möglichkeiten ich zu
kennen versuche, indem ich damit spiele. Natürlich kommen in meinen Stücken auch
Personen vor, die einen Glauben oder eine Weltanschauung haben, lauter Dummköpfe
darzustellen, finde ich nicht interessant, doch ist das Stück nicht um ihrer Aussage willen
da, sondern die Aussagen sind da, weil es sich in meinen Stücken um Menschen handelt
und das Denken, das Glauben, das Philosophieren auch ein wenig zur menschlichen Natur gehört. Die Probleme jedoch, denen ich als Dramatiker gegenüberstehe, sind arbeits-
praktische Probleme, die sich mir nicht vor, sondern während der Arbeit stellen, ja, um
genau zu sein, meistens nach der Arbeit, aus einer gewissen Neugier heraus, wie ich es
denn eigentlich nun gemacht habe. [...]"
Wenig später fährt er fort: „[...] So ist es etwa zweifellos, daß die Einheit des Ortes
der Zeit und der Handlung, die Aristoteles, wie man lange meinte, aus der antiken Tragödie folgerte, als Ideal einer Theaterhandlung gefordert ist. Dieser Satz ist vom logi-
schen und demnach ästhetischen Standpunkte aus unanfechtbar, so unanfechtbar, daß
sich die Frage stellt, ob damit nicht ein für allemal das Koordinatensystem gegeben sei,
nach welchem sich jeder Dramatiker richten müßte. Die Einheit des Aristoteles ist die
Forderung nach größter Präzision, größter Dichte und größter Einfachheit der dramatischen Mittel. Die Einheit des Ortes, der Zeit und der Handlung wäre im Grunde ein
Imperativ, den die Literaturwissenschaft dem Dramatiker stellen müßte und den sie
nur deshalb nicht stellt, weil das Gesetz des Aristoteles seit Jahr und Tag niemand be-
folgt; aus einer Notwendigkeit heraus, die am besten das Verhältnis zwischen der Kunst,
Theaterstücke zu schreiben, und den Theorien darüber illustriert.
Die Einheit des Ortes, der Zeit und der Handlung nämlich setzt der Hauptsache nach
die griechische Tragödie als Bedingung voraus. Nicht die Einheit des Aristoteles macht
die griechische Tragödie möglich, sondern die griechische Tragödie die Einheit des Aristoteles. So abstrakt eine ästhetische Regel auch zu sein scheint, so ist doch das Kunstwerk,
aus dem sie gefolgert wurde, in ihr enthalten. Wenn ich mich anschicke, eine Handlung
zu schreiben, die sich, sagen wir, innerhalb zweier Stunden am selben Ort entwickeln
und abspielen soll, so muß diese Handlung eine Vorgeschichte haben, und diese Vorgeschichte wird um so größer sein müssen, je weniger Personen mir zur Verfügung stehen.
Das ist eine Erfahrung der praktischen Dramaturgie, eine empirische Regel. Unter einer
Vorgeschichte verstehe ich die Geschichte vor der Handlung auf der Bühne, eine Geschichte, die erst die Bühnenhandlung möglich macht. [...]"

9

Und schließlich heißt es: „[...] So ist denn das heutige Theater zweierlei, einerseits ein Museum, anderseits aber ein Feld für Experimente, so sehr, daß jedes Theaterstück den Autor vor neue Aufgaben, vor neue Stilfragen stellt. Stil ist heute nicht mehr etwas Allgemeines, sondern etwas Persönliches, ja, eine Entscheidung von Fall zu Fall geworden. Es gibt keinen Stil mehr, sondern nur noch Stile, ein Satz, der die Situation der heutigen Kunst überhaupt kennzeichnet, denn sie besteht aus Experimenten und nichts außer dem, wie die heutige Welt selbst.

Gibt es nur noch Stile, gibt es nur noch Dramaturgien und keine Dramaturgie mehr: Dennoch ist eine Dramaturgie vielleicht denkbar, eine Dramaturgie aller möglichen Fälle eben, so wie es eine Geometrie gibt, die alle möglichen Dimensionen einschließt. Die Dramaturgie des Aristoteles wäre in dieser Dramaturgie nur eine der möglichen Dramaturgien. Von einer Dramaturgie wäre zu reden, welche die Möglichkeiten nicht einer bestimmten Bühne, sondern *der* Bühne untersuchen müßte, von einer Dramaturgie des Experiments. [...]"

Wenige Seiten später verdeutlicht Dürrenmatt an einem Beispiel, was er unter Dramaturgie versteht: „[...] Wenn ich zwei Menschen zeige, die zusammen Kaffee trinken und über das Wetter, über die Politik oder über die Mode reden, sie können das noch so geistreich tun, so ist dies noch keine dramatische Situation und noch kein dramatischer Dialog. Es muß etwas hinzukommen, was ihre Rede besonders, dramatisch, doppelbödig macht. Wenn der Zuschauer etwa weiß, daß in der einen Kaffeetasse Gift vorhanden ist, oder gar in beiden, so daß ein Gespräch zweier Giftmischer herauskommt, wird durch diesen Kunstgriff das Kaffeetrinken zu einer dramatischen Situation, aus der heraus, auf deren Boden, sich die Möglichkeit des dramatischen Dialogs ergibt. Ohne den Zusatz einer besonderen Spannung, einer besonderen Situation gibt es keinen dramatischen Dialog.

Muß der Dialog aus einer Situation entstehen, so muß er in eine Situation führen, in eine andere freilich. Der dramatische Dialog bewirkt: ein Handeln, ein Erleiden, eine neue Situation, aus der ein neuer Dialog entsteht usw."

Natürlich versäumt es Dürrenmatt nicht, denjenigen, die nach seiner dramaturgischen Absicht forschen, einen mit Recht ernüchternden Hinweis zu geben: „[...] Berichtet kann nur von einem dramatischen Handwerk werden, welches es nur gibt, wenn man über das Drama redet, aber nicht, wenn man es macht. Das dramatische Handwerk ist eine optische Täuschung. Über Dramen, über Kunst zu reden, ist ein viel utopischeres Unternehmen, als jene glauben, die es meistens tun. [...]"

Wichtiger aber als alle Äußerungen zum Theater schlechthin sind Dürrenmatts interessanten Gründe für seine Vorliebe für die Komödie. Bereits im Februar 1952 machte er diese Anmerkung zur Komödie: „[...] Die Tragödien stellen uns eine Vergangenheit als gegenwärtig vor, überwinden Distanz, um uns zu erschüttern. Aristophanes, dieser große Meister der Komödie — warum sollte man nicht einmal von ihm her, von seiner Position Prinzipien der Dramatik folgern, was man von den Tragikern her schon längst getan hat —, Aristophanes geht den umgekehrten Weg. Da sich seine Komödien in der Gegenwart abspielen, schafft er Distanz, und ich glaube, daß das für eine Komödie wesentlich ist. Daraus wäre zu schließen, daß ein Zeitstück nur eine Komödie im Sinne des Aristophanes sein kann: der Distanz zuliebe, die nun einmal in ihm zu schaffen ist, denn einen anderen Sinn als diesen kann ich mir für ein Zeitstück gar nicht denken. [...]"

Diese Kunst will nicht mitleiden wie die Tragödie, sie will darstellen. So sind die grotesken Reisen des Gulliver gleich einer Retorte, in der durch vier verschiedene Experimente die Schwächen und die Grenzen des Menschen aufgezeigt werden. Das Groteske ist eine der großen Möglichkeiten, genau zu sein. Es kann nicht geleugnet werden, daß diese

Kunst die Grausamkeit der Objektivität besitzt, doch ist sie nicht die Kunst der Nihilisten, sondern weit eher der Moralisten, nicht die des Moders, sondern des Salzes. Sie ist eine Angelegenheit des Witzes und des scharfen Verstandes (darum verstand sich die Aufklärung darauf), nicht dessen, was das Publikum unter Humor versteht, einer bald sentimentalen, bald frivolen Gemütlichkeit. Sie ist unbequem, aber nötig ..."

In ‚Theaterprobleme‘ wird die Komödie ebenfalls als treffende Form zeitgenössischer dramatischer Kunst dargestellt: „[...] Doch die Aufgabe der Kunst, soweit sie überhaupt eine Aufgabe haben kann, und somit die Aufgabe der heutigen Dramatik ist, Gestalt, Konkretes zu schaffen. Dies vermag vor allem die Komödie. Die Tragödie, als die gestrengste Kunstgattung, setzt eine gestaltete Welt voraus. Die Komödie — sofern sie nicht Gesellschaftskomödie ist wie bei Molière — eine ungestaltete, im Werden, im Umsturz begriffene, eine Welt, die am Zusammenpacken ist wie die unsrige. [...]

Das Mittel nun, mit dem die Komödie Distanz schafft, ist der Einfall. Die Tragödie ist ohne Einfall. Darum gibt es auch wenige Tragödien, deren Stoff erfunden ist. Ich will damit nicht sagen, die Tragödienschreiber der Antike hätten keine Einfälle gehabt, wie dies heute etwa vorkommt, doch ihre unerhörte Kunst bestand darin, keine nötig zu haben. Das ist ein Unterschied. Aristophanes dagegen lebt vom Einfall. Seine Stoffe sind nicht Mythen, sondern erfundene Handlungen, die sich nicht in der Vergangenheit, sondern in der Gegenwart abspielen. Sie fallen in die Welt wie Geschosse, die, indem sie einen Trichter aufwerfen, die Gegenwart ins Komische, aber dadurch auch ins Sichtbare verwandeln. Das heißt nun nicht, daß ein heutiges Drama nur komisch sein könne. Die Tragödie und die Komödie sind Formbegriffe, dramaturgische Verhaltensweisen, fingierte Figuren der Ästhetik, die Gleiches zu umschreiben vermögen. Nur die Bedingungen sind anders, unter denen sie entstehen, und diese Bedingungen liegen nur zum kleineren Teil in der Kunst.

Die Tragödie setzt Schuld, Not, Maß, Übersicht, Verantwortung voraus. In der Wurstelei unseres Jahrhunderts, in diesem Kehraus der weißen Rasse, gibt es keine Schuldigen und auch keine Verantwortlichen mehr. Alle können nichts dafür und haben es nicht gewollt. Es geht wirklich ohne jeden. Alles wird mitgerissen und bleibt in irgendeinem Rechen hängen. Wir sind zu kollektiv schuldig, zu kollektiv gebettet in die Sünden unserer Väter und Vorväter. Wir sind nur noch Kindeskinder. Das ist unser Pech, nicht unsere Schuld: Schuld gibt es nur noch als persönliche Leistung, als religiöse Tat. Uns kommt nur noch die Komödie bei. Unsere Welt hat ebenso zur Groteske geführt wie zur Atombombe, wie ja die apokalyptischen Bilder des Hieronymus Bosch auch grotesk sind. Doch das Groteske ist nur ein sinnlicher Ausdruck, ein sinnliches Paradox, die Gestalt nämlich einer Ungestalt, das Gesicht einer gesichtslosen Welt, und genau so wie unser Denken ohne den Begriff des Paradoxen nicht mehr auszukommen scheint, so auch die Kunst, unsere Welt, die nur noch ist, weil die Atombombe existiert: aus Furcht vor ihr.

Doch ist das Tragische immer noch möglich, auch wenn die reine Tragödie nicht mehr möglich ist. Wir können das Tragische aus der Komödie heraus erzielen, hervorbringen als einen schrecklichen Moment, als einen sich öffnenden Abgrund, so sind ja schon viele Tragödien Shakespeares Komödien, aus denen heraus das Tragische aufsteigt.

Nun liegt der Schluß nahe, die Komödie sei der Ausdruck der Verzweiflung, doch ist dieser Schluß nicht zwingend. Gewiß, wer das Sinnlose, das Hoffnungslose dieser Welt sieht, kann verzweifeln, doch ist diese Verzweiflung nicht eine Folge dieser Welt, sondern eine Antwort, die er auf diese Welt gibt, und eine andere Antwort wäre sein Nichtverzweifeln, sein Entschluß etwa, die Welt zu bestehen, in der wir oft leben wie Gulliver unter den Riesen. Auch der nimmt Distanz, auch der tritt einen Schritt zurück, der seinen Gegner einschätzen will, der sich bereit macht, mit ihm zu kämpfen oder ihm zu entgehen. Es ist immer noch möglich, den mutigen Menschen zu zeigen.

Dies ist denn auch eines meiner Hauptanliegen [...]

Endlich: Durch den Einfall, durch die Komödie wird das anonyme Publikum als Publikum erst möglich, eine Wirklichkeit, mit der zu rechnen, die aber auch zu berechnen ist. Der Einfall verwandelt die Menge der Theaterbesucher besonders leicht in eine Masse, die nun angegriffen, verführt, überlistet werden kann, sich Dinge anzuhören, die sie sich sonst nicht so leicht anhören würde. Die Komödie ist eine Mausefalle, in die das Publikum immer wieder gerät und immer noch geraten wird."

Und schließlich findet sich in einer späteren Rede (,Der Rest ist Dank' 1960) ebenfalls ein Bekenntnis zur Komödie: „[...] Die Sprache der Freiheit in unserer Zeit ist der Humor, und sei es auch nur der Galgenhumor, denn diese Sprache setzt eine Überlegenheit voraus auch da, wo der Mensch, der sie spricht, unterlegen ist.

Doch was vom Komödienschreiber gilt, gilt auch vom Theater. Die falsche Weihe, die allzugroße Mission, der tierische Ernst schaden auch der Bühne. Wir haben offenbar in Dingen der Kunst bescheidener zu werden, aus dem Tiefsinn aufzutauchen. Die Freiheit liegt jedoch im Realisierbaren, nicht im Unverbindlichen. Darin *scheint* nun ein Gegensatz zu liegen: Das Realisierbare scheint den vollen Ernst einer Sache zu verlangen, das Komödiantische auszuschließen. Gegen diese Forderung sträubt sich die Bühne an sich. Sie ist nicht die Welt, nicht einmal deren Abbild, sondern eine vom Menschen in seiner Freiheit erstellte, erdichtete, erfabulierte Welt, in der die Leiden und Leidenschaften gespielt sind und nicht erduldet werden müssen und in welcher der Tod selbst nicht etwas Schreckliches, sondern nur einen dramaturgischen Kniff darstellt. Sterben ist auf der Bühne immer noch einer der besten aller denkbaren Abgänge, denn das Theater ist an sich komödiantisch, und auch die Tragödie, die es spielt, kann es nur durch die komödiantische Lust an eben der Tragödie vollziehen. Die literarische Unterscheidung zwischen der Tragödie und der Komödie wird von der Bühne, vom Schauspieler her bedeutungslos. Der Dramatiker kann heute nicht mehr von der Bühne abstrahiert werden, die Frage, wie soll er gespielt, ist eins mit der Frage, wie soll er, wie muß er interpretiert ja gesprochen werden; das Komödiantische ist das Medium, in welchem er sich bewegen muß, aus welchem er, das ist sein Gesetz, sowohl das Tragische wie auch das Komische zu erzielen hat. Dies alles zugegeben. Aber gerade dadurch, daß das Theater Theater ist und nichts anderes, scheinbar das Unverbindlichste, wird es etwas Verbindliches, ein Gegenüber, ein Objektives, ein Maßstab, denn es vermag nur an das Gewissen der Menschen zu appellieren, wenn es dies aus seiner Freiheit heraus tut: das heißt unwillkürlich. In der unwillkürlichen Moralität des Theaters liegt seine Moral, nicht in seiner erstrebten. [...]"

2.3.2. Sicht des Theaters 1962 (,21 Punkte')

Es war zu Beginn des Kapitels 2.3. gesagt worden, daß Dürrenmatt Mitte der fünfziger Jahre seine Grundposition im Verhältnis zu Theater und Drama gefunden hatte. Diese Position gilt bis heute (1972). Sie ist jedoch zur Zeit der Entstehung der ,Physiker' variiert und neu formuliert worden. In einem Interview mit Ernst Schumacher (anläßlich Dürrenmatts ,Standortbestimmung zu Frank V.') kommentiert *Dürrenmatt* sich ausführlich und aufschlußreich (,Deutsche Woche', 18. 1. 1961):

„*Dürrenmatt*: In der ,Standortbestimmung' habe ich in einer Art Übermut eine Synthese von theoretischer Naturwissenschaft und Dramaturgie versucht. Aber ich meinte mit dem Bezug keine sachliche Parallele, sondern eine dialektische Entsprechung. An der

modernen Naturwissenschaft interessiert mich vor allem die Konsequenz für Erkennt-
nistheorie, die Frage nach der Methode unseres Denkens und die Grenze der Erkenntnis. An der Physik interessiert mich weniger, was sie aussagt, das Resultat, als die Art,
wie sie die Natur befragt. Für den philosophischen Aspekt des Problems scheint mir daher die Fragestellung Kants interessanter als die Antworten Hegels. Aber dieses natur-
wissenschaftlich-philosophische Denken und seine Erkenntnisse bilden nur den Untergrund für das 'dramatische Denken', das ich betreibe, es spielt nur mit, es ist nicht 'das
Spiel'. Ich brauche es, wie ich als Dramatiker die Welt als solche gebrauche, und das tut
ja der Dramatiker, wenn er 'denkt'. Wenn die Mathematiker und Physiker die Natur be-
fragen, so tun sie es immer nur auf einem Teilgebiet. Sie stellen dazu heute immer öfter
Arbeitshypothesen auf, die sich experimentell bejahen oder verneinen lassen.

Auch 'die Natur', die auf dem Theater zur Anschauung gebracht werden will, die
menschliche Natur, die von den Menschen gemachte Natur, ihre Beziehungen, ist 'total'
wie die Natur der Physiker und der Mathematiker. Die heutige Welt ist ein ungeheures
Monstrum geworden. Die heutige Welt ist fragwürdig geworden, weil sie fragwürdig
geworden ist.

Es ist auf dem Theater unmöglich, höchstens ein Kunstkniff der Kunst, diese Totalität so zu vereinfachen, daß nur der einsame Mensch übrigbleibt. Das führt notwendig
zu Absurditäten, da das Problem der Menschheit wie des Menschen nicht seine Einsamkeit, sondern gerade die Beziehungen zu den anderen sind. Und das spezielle Problem
ist wiederum nicht, daß es diese Beziehungen gibt, sondern wie und warum sie in wech-
selnder Form existieren. Die 'abstrakte' Dramatik verflüchtet nicht das Problem, sondern flüchtet sich vor ihm.

Die Veranschaulichung auf der Bühne aber macht es nötig, aus der Totalität auszu-
wählen. Ich schaffe mir, ähnlich wie der Physiker, Modelle von möglichen menschlichen
Beziehungen. So wie der Physiker zur Veranschaulichung dessen, was Licht ist, nämlich
einmal Korpuskel, einmal Welle, verschiedene Formen verwenden muß, so benötige ich
verschiedene Modelle auf der Bühne. Diese Modelle sind gleichzeitig auch meine 'Hypo-
thesen', meine Methode, im wissenschaftlichen Zeitalter, das Brecht immer erwähnt
hat, bestimmte Phänomene der 'menschlichen Natur' zu veranschaulichen. Sie dienen
außerdem zur Selbstverständigung. Man schafft sich eine Welt auf der Bühne, um unbe-
dingter denken zu können.

Frage: Wovon gehen Sie bei der Schaffung eines solchen Modells aus? Ist Ihre 'Hypothese' 'ideell' bestimmt?

Dürrenmatt: Ein Theaterstück zu schreiben ist nicht das gleiche wie ein logisches Problem entwickeln. Ich bin nicht von einem Problem fasziniert, sondern von einer dramatischen Konstellation. Für einen Dramatiker ist der Konflikt Vater–Sohn etwas ganz
anderes als für einen Psychologen. Der Dramatiker braucht ein Gefälle, einen Gegensatz, eine Möglichkeit, aus einem Konflikt ein Spiel zu entwickeln. Ich stehe dramaturgisch vor dem Problem, daß ich unabhängig davon, was ich weltanschaulich denke,
einen Konflikt 'an sich' brauche. Davon habe ich auszugehen, von der Möglichkeit zum
Spiel, von der Theater-Möglichkeit. Der Dramatiker ist nicht der Typ des 'Täters', sondern des 'Spielers'. Wenn einer die Tat will, greift er nicht zum Drama. Auch der
ethische Wille löst das Drama nicht aus, sondern einzig der Wille zum Spiel. Der Dramatiker macht einen spielerischen Gebrauch von der Welt und versucht sie im Spiel zu
objektivieren. Wenn man von einer Absicht ausgeht, unterdrückt man viele Möglichkeiten. Wenn man ein vorgesetztes Ziel hat, übersieht man andere, zu denen man gelangen
kann. Die Aussage ist das Resultat, nicht das Ziel. Sophokles hat seine ‚Antigone‘ nicht
wegen des Satzes ‚Nicht mitzuhassen, mitzulieben bin ich da‘ geschrieben. Der Drama-

13

tiker ist bewegt von dramatischen Konstellationen, die er sich schafft. So wie der Physiker mit der Natur Physik treibt, treibt der Dramatiker mit der 'Natur der Menschen' Dramatik. Wenn ein Spiel ausgespielt ist, dann ist auch die größte Aussagemöglichkeit erreicht. Im Grunde kann eine Aussage nur erreicht werden, wenn man nicht an sie denkt. Die Aussage zu bestimmen, ist das Vorrecht des Kritikers. Die Kritik hat festzustellen, ob und welche Aussagen ein Stück hat, wobei sie gut tut, zwischen einer direkten, en passant vorgebrachten, und einer tieferen zu unterscheiden, die nicht in einem Satz liegt. Die Schwäche der Kritik liegt heute meistens darin, daß sie nicht nach den objektiven Spannungen fragt, die in dem Stück ausgedrückt werden, sondern nur geschmäcklerische Impressionen gibt.

Frage: Sie weigern sich, das 'Ei der Erklärung' zu legen, aber jedes Ihrer Stücke ist ein solches 'Ei', indem es über das bloße Spiel hinaus einen Sinn hat und eine weltanschaulich-gesellschaftliche Tendenz aufweist. Nicht 'es' denkt, sondern Sie denken, nicht 'es' will, sondern Sie wollen. Wenn Sie 'spielen', tun Sie es 'mit Absicht'.

Dürrenmatt: Es ist richtig, man kann in der heutigen Welt auch in bewußter Form nicht mehr naiv sein. Die reine Welt des harmlos Komödiantischen ist vorbei. Die zwei Ebenen des Existentiellen und des Spielerischen stimmen nicht mehr überein. Das Drama ist heute kein stilistisches Problem, da sich in der heutigen Gesellschaft das, was den Sinn des Dramas ausmacht — und der geht über das Theatralische hinaus —, nicht mehr von selber versteht. Die Aufnahme ist heute gestört. Es wird zwar aufgenommen, aber nicht mehr verdaut. Der Dramatiker muß 'gehalten sein'. Aber das tut heute nur ein kleiner Kreis. Die Gesellschaft ist nicht da, und da nicht das Theater die Gesellschaft, sondern die Gesellschaft das Theater macht, ist eine ungeheuer schwierige Theatersituation entstanden. Wir leben in einer Gefahrenzone, wo Überlegungen angestellt werden müssen, die früher nicht nötig waren. Vor mir steht das Problem, daß ich auf die Länge nicht so 'Dramatik treiben' kann, als lebte ich in einer idealen Gesellschaft. Man muß beginnen, auf eine Art deutlich zu werden, die, so glaubte ich zuerst, gar nicht nötig sei. Sie haben auf ganz diabolische Weise recht: ich kann mir weniger denn je leisten, 'reines Theater' zu schreiben, weil wir gar nicht den gesellschaftlichen Boden dazu haben. Ich bin gezwungen, zu meinen Stücken Vorworte, Nachworte, Kommentare zu schreiben.

Ich stehe vor neuen Arbeitsproblemen. Die Naivität, daß sich aus jedem guten Einfall ein gutes Stück machen läßt, ist dahin. Ich muß sichten. Ich muß prüfen, ob die Fabel für heute geeignet und in ihrer ganzen Art eine unbedingte Sache ist. Ich muß mich fragen, ob ein Sinn in der Fabel selbst liegt und nicht aufgepflanzt werden muß. Dieser Sinn aber geht über das Theater hinaus, er betrifft die Beziehungen der Menschen, also auch meine eigenen, mich selber. Das Drama wird zur Selbstklärung und zur Klärung für die anderen. Ja, man muß die Fabeln so wählen, daß sie etwas aussagen. Man kann völlig ungefährliche Fabeln en masse finden, die ganz einfach nur schön sind. Aber man muß Fabeln finden, die unangenehm sind. Sie müssen stören. Das ist eine Art Menschenpflicht geworden. Die Fabeln müssen auf ihre Störmöglichkeit in umfassendem Sinn geprüft werden. Probleme, die nur im Privaten liegen, sagen nichts aus.

Frage: Wen müssen Sie stören, was müssen Sie stören?

Dürrenmatt: Möglichst alle. Und was bedeutet Stören? Die schärfste dem Theater gemäße Form ausfindig zu machen, Gewissen herzustellen. Die Kunst, vor allem die dramatische, muß auf Konstellationen ausgehen, in der der Mensch vor Gewissensfragen gestellt wird. Der kategorische Imperativ Kants ist zu einer gesellschaftlichen, einer allgemeinen Aufgabe geworden. Was entwickelt werden muß, ist ein gesellschaftliches Gewissen. Das heutige Gewissen ist pervertiert. Es lautet nicht: Ich bin gut. Es lautet: Die anderen sind ja auch schlecht. Meine Kategorie Gewissen ist aus dem Denken abgeleitet.

Wenn sie ein Stück schreiben, dann soll es möglichst gleich ein Über-Ionesco sein. Sie sind gehemmt durch Literatur und literarische Stile. Sie geheimnissen zu viel hinein in ihre Stücke. Wenn z. B. Heinrich Böll für die Bühne genauso schriebe wie in seinen Erzählungen — dann wäre er ein guter Dramatiker. Theater muß Theater bleiben. Es ist ja
5 auch nichts weiter als das gute Erzählen einer Geschichte.'

Nach diesem bewährten Rezept hat Dürrenmatt ja auch seine ‚Physiker' geschrieben. Ein bitterernstes Thema. Die Beherrschung der Welt durch physikalische Wunderformeln gerät in die Hände einer Irren. Und trotzdem treibt Dürrenmatt sein Stück in der Irrenhaus-Atmosphäre bis an die Grenze der immer wieder zum Lachen anreizenden Ko-
10 mödie. Ein 'Thriller' mit makabrem Untergrund.

Ich fand es schlecht — sei's von der Regie her, sei's von der Darstellung —, daß bei der Uraufführung im Parkett so viel und so ausgiebig gelacht wurde. Ging die Inszenierung am Stil des Stückes vorbei? Ich fragte Dürrenmatt nach seiner Auffassung als Dichter. Und diese Auffassung war verblüffend einfach:
15 Dürrenmatt: ‚Ich hasse jedes Wein- und Heul-Theater. Wie wohltuend, wenn die Leute lachen. Es löst Spannungen und macht für eine neue Wendung des Stückes aufnahmebereit. Ich will mit meinen Stücken nichts weiter als gute Rollen für die Schauspieler und möglichst gutes Theater fürs Publikum. Das Theater ist für den Autor immer die erste und letzte Instanz!' [...]"
20 Auch die Kulturzeitschrift ‚Das Schönste' (8, 1962, 3, S. 33) interviewte den Autor Dürrenmatt: „[...] Die Fragen, die sich in diesem Stück stellen, sind international. Was mir wichtig ist: ich versuche, reine Theaterstücke zu schreiben, die nichts anderes sind als Geschichten auf dem Theater und durch das Theater. Ich bemühe mich, immer einfacher, dichter zu werden, direktes Theater ohne literarische Nebenabsichten zu schrei-
25 ben. Mir liegt am Medium Theater, das für den Dramatiker so notwendig ist wie für den Bildhauer das Medium 'Stein'.

Das Schönste: Sie sprachen von den ‚Physikern' als Ihrem ersten Klassiker. Außer der Wahrung der drei Einheiten erfüllt die Einfachheit und Klarheit des Aufbaues das Kriterium des Klassischen.
30 *Horwitz:* André Gide sagt, das Klassische bestehe darin, das Schwierigste mit den einfachsten Mitteln auszudrücken. Insofern kann man bei den ‚Physikern' das Wort 'klassisch' gebrauchen.

Dürrenmatt: Ich möchte variieren: ‚Die Physiker' sind mein einfachstes und zugleich verrücktestes Stück."

2.3.3. Sicht des Theaters 1969

35 Obwohl Dürrenmatts Auffassung vom Theater Ende der 60er Jahre für das Verständnis des hier dokumentierten Stückes nicht mehr von Bedeutung sein kann, sollen doch zum besseren Verständnis des Autors noch einige Hinweise gegeben werden. In einer Rede anläßlich der Verleihung des Berner Kulturpreises sagte *Dürrenmatt* (zitiert nach ‚Frankfurter Allgemeine Zeitung' vom 4. 11. 1969): „[...] Es ist sinnlos, das Theater
40 für irgendeine politische Tendenz zu verwenden, die auf Spruchbändern oder mit Zeitungsartikeln deutlicher darzustellen ist. Das Theater ist nicht eindeutig, sondern mehrdeutig, weil die Menschheit ihrer politischen Struktur nach und in ihrer wirtschaftlichen Verflochtenheit nur mehrdeutig und nicht eindeutig darzustellen ist; und es ist endlich sinnlos, Theaterstücke zu schreiben, die das Medium Film besser bewältigt, oder Thea-
45 terstücke subventionieren zu lassen, die sich für das Show-Geschäft eignen und damit ein privates Geschäft darstellen. Das Denken des Theaters, auch wenn es kritisch ist, bleibt ein theatralisches Denken. Die Aussage des Theaters, auch wenn sie auf die Poli-   17

tik zielt, und sie muß auf die Politik zielen, bleibt eine theatralische Aussage. Das Theater kann nichts anderes sein als Theater. Daß es sich dessen bewußt wird, macht es zum kritischen Theater. [...]"

Nach dem gescheiterten Versuch praktischer Arbeit mit, an und in dem Basler Theater (s. Kapitel 2.1.) bekennt *Dürrenmatt* u. a. (zitiert nach ,Frankfurter Allgemeine Zeitung' vom 8. 6. 1970): „[...] Zweifellos wird die Grausamkeit dieses Gesetzes, welches die Privattheater zwingt, entweder rein geschäftlich zu denken oder alles auf eine Karte zu setzen, durch das subventionierte Theater vermindert. Ein Reinfall stellt hier nur für den Autor eine Katastrophe dar und gehört zu seinem Berufsrisiko. Viele Stücke, die von den privaten En-suite-Theatern nicht gewagt worden wären, wagte das subventionierte Theater und setzte sie durch. Auch vermag diese Theaterform des Publikum über die Dramatik aller Zeiten besser zu informieren. Andererseits ist nicht zu leugnen, daß die subventionierten Theater, verführt vom Ruhm, eine Erstaufführung zu bekommen, allzuleicht Stücke auf die Bühne stellen, die sonst kein Theater aufführen würde. Ein Theater, das vom Staat lebt, ist publikumsfremder als ein Theater, das nur vom Publikum lebt. Die Zuschauerflucht, die wir fast überall feststellen, kommt weitgehend daher, daß die subventionierten Theater den Kontakt mit dem Publikum verloren haben. Sie treiben Dramaturgie, ohne an das Publikum zu denken und die rein oft ideologisch ist. Wenn sie an das Publikum denken müssen, weil sie das Budget überschritten haben und dem Staat gegenüber allzutief in der Kreide sitzen, greifen sie zu den konventionellsten Kassenfüllern zurück und sind erstaunt, wenn auch diese nicht gehen. Oft haben sie sich durch ihre Theaterpolitik zwar einen Anhängerkreis geschaffen, doch ist dieser Kreis zu klein, um das finanzielle Debakel zu verhindern. Damit verstoßen die subventionierten Theater gegen ein zweites Gesetz. Das Publikum läßt sich nichts vorschreiben. Ein Publikum, das kulinarisches Theater will, sucht in jedem Stück kulinarisches Theater.

Nun ist die Forderung, das Theater müsse nichtkulinarisch sein, ein Schlagwort geworden, das mir nicht liegt. Ich liebe das Kulinarische im Leben allzusehr, als daß ich es auf der Bühne missen möchte. Ich halte es für einen Fehler, die sogenannten nichtkulinarischen, revolutionären Stücke in einer Weise zu inszenieren, daß jene Zuschauer, die kulinarisches Theater erwarten, kein Vergnügen daran haben, weil sie die Aufführung lehrhaft und langweilig finden. Ist ein Stück nicht anders als langweilig und lehrhaft zu inszenieren, ist es an sich ein lehrhaftes und langweiliges Stück. Das Publikum will ins Theater, wenn es ins Theater geht, und nicht eine Volkshochschule über Revolution besuchen. Jene, die im Theater das Revolutionäre suchen, kommen in einer kulinarischen Inszenierung eines revolutionären Stückes trotzdem auf ihre Kosten. Das Publikum läßt sich nur bezwingen, indem man es überlistet. Die Regisseure sollten daher jedes Stück kulinarisch und revolutionär zugleich inszenieren, eine Aufgabe, die sogar bei den Klassikern lösbar ist. [...]"

3. Aufführung

3.1. Uraufführung: Zürich

,Die Physiker' — Komödie von Friedrich Dürrenmatt wurde am 21., 22. und 23. Februar 1962 im Schauspielhaus Zürich uraufgeführt. Nicht daß man die Komödie wegen ihrer etwaigen Länge in drei Teilen geben mußte. Nein, das Ereignis einer Uraufführung eines spektakulären Stückes des großen deutschsprachigen Schweizer Autors war es, was nach Verdreifachung — oder Drittelung verlangte. Die Zahl der angemeldeten Journalisten und interessierten Prominenz war so groß, daß man dem Kartenbedarf mit dieser mittlerweile bewährten Zürcher Lösung begegnete. Die hochgespannten Erwartungen gründeten sich nicht zuletzt auf einen vielversprechenden Theaterzettel:

Mittwoch, den 21. Februar 1962
Donnerstag, den 22. Februar 1962
Freitag, den 23. Februar 1962
jeweils 20 Uhr

URAUFFÜHRUNG

DIE PHYSIKER
Komödie von Friedrich Dürrenmatt

Regie: Kurt Horwitz   Bühnenbild: Teo Otto

Fräulein Doktor Mathilde von Zahnd, Irrenärztin	Therese Giehse
Marta Boll, Oberschwester	Ellen Widmann
Monika Stettler, Krankenschwester	Hanne Hiob
Uwe Sievers, Oberwärter	Peter Ehrlich
McArthur, Wärter	George James
Murillo, Wärter	Ernst Zwahlen
Herbert Georg Beutler, genannt Newton ⎫	Gustav Knuth
Ernst Heinrich Ernesti, genannt Einstein ⎬ Patienten	Theo Lingen
Johann Wilhelm Möbius ⎭	Hans-Christian Blech
Missionar Oskar Rose	Erwin Parker
Frau Missionar Lina Rose	Angelika Arndts
Adolf-Friedrich ⎫	Josef Sidler
Wilfred-Kaspar ⎬ ihre Buben	Jörg Scherrer
Jörg-Lukas ⎭	Heinz Bühlmann
Richard Voß, Kriminal-Inspektor	Fred Tanner
Gerichtsmediziner	Friedrich Braun
Guhl ⎫ Polizisten	Alex Freihart
Blocher ⎭	Edwin Mächler

Technische Leitung: Ferdinand Lange   Beleuchtung: Walter Groß
Inspizient: Richard Vogel
Pause nach dem 1. Akt

Um ein Bild dieser spektakulären Uraufführung zu erhalten, bieten sich die Fotos und die Kritiken der Journalisten an. Da für diese Ausgabe auf Fotos verzichtet werden muß,
5 kommen sogleich die Theaterkritiker zu Wort. Zuvor jedoch eine kurze Passage aus einem Interview, das die Zeitschrift ‚Das Schönste‘ (8, 1962, 3, S. 32) mit *Dürrenmatt* und Regisseur *Kurt Horwitz* führte:
„[...] *Das Schönste*: Ein Lieblingswort Bert Brechts hieß: ‚Der Pudding beweist sich beim

Essen.' Das Analoge trifft für das Theaterstück zu. Oft werden einzelne Szenen und Passagen erst im Verlauf der Proben — im Zusammenwirken von Autor, Regisseur und Schauspieler — erarbeitet. Herr Horwitz, ist diese Technik für den Regisseur, der mit einem fertigen Regiebuch zur Probe kommt, nicht eine Belastung? *Horwitz:* Um eine Belastung kann es sich hier keineswegs handeln. Wesentlich ist, daß das Buch Dürrenmatts in einer besonders schönen Weise fertig war und nicht mehr geändert werden mußte. Selbstverständlich wurden Striche gemacht, und es entstanden kleine Textänderungen. ,Die Physiker' sind vollkommen durchkomponiert wie ein klassisches Stück. Die Arbeit daran verbindet uns Schauspieler, Autor und Regisseur, bringt aber keineswegs jene Veränderungen mit sich, wie man sie sich gemeinhin vorstellt. Das geht schon daraus hervor, daß es sich um zwei richtige Akte handelt und daß die Einheit von Ort, Raum und Zeit gewahrt wird. Es ist also kein kurzatmiges Bilderstück, wie sie heute meistens geschrieben werden. Die Pause zum Beispiel — nach dem ersten Akt angesetzt — ist auch eine dem Sinn des Stückes entsprechende Zäsur.

Das Schönste: Herr Dürrenmatt, Sie waren bereits von den ersten Proben an als 'beratender Autor' anwesend?

Dürrenmatt: Ja, ich sitze halt dabei und sage hin und wieder, was ich mir über dies und jenes denke. [...]"

Daran soll eine Auswahl von Beschreibungen anschließen, in der Sicht der Theaterkritiker (abgedruckt in der Reihenfolge ihres Erscheinens): *Eberhard von Wiese* (,Hamburger Abendblatt', 22. 2. 1962) beschreibt die Aufführung mit den Worten: „[...] Kurt Horwitz, der Dürrenmatt-Entdecker, hat es inszeniert. Ich könnte mir die Regie härter, brutaler, weniger ins Komödiantische abgleitend denken, aber vielleicht ist an diesem Eindruck auch die Darstellung des Schauspielers schuld. Gustav Knuth ist ein so herrlich verschmitzter 'Irrer' als Newton mit weißer Perücke, daß man ihm die perückenlose Wirklichkeit nicht immer so ganz abnimmt. Ähnlich ergeht es einem bei Theo Lingens 'Einstein' mit dem leicht nasalen Unterton seiner Filmrollen. Hans-Christian Blech hingegen, alter Experte für Dürrenmatt-Rollen in München, spielt so ganz auf der Ebene des leidenschaftlichen Idealisten, daß bei ihm die Inszenierung eine leichte Schlagseite zum Melodramatischen erhält. Ein Opferer, wie er im Buche steht.

Von den ermordeten Krankenschwestern bekommt man nur eine lebend zu Gesicht. Monika. Sie, die den Idealisten Möbius zurück zur Menschheit, zur Publicity, zum Ruhm führen will und die sterben muß, weil sie nicht begreift, daß es heute die Pflicht eines Genies ist, verkannt zu bleiben', sie ist Hanne Hiob, die Brecht-Tochter. Wir sahen sie als 'Heilige Johanna der Schlachthöfe' im Deutschen Schauspielhaus. Hier ein ihrer Liebe sehr direkt und leidenschaftlich hingegebenes Geschöpf von starker Ausstrahlung.

Aber der Trumpf auch dieses neuen Dürrenmatts ist doch wieder die 'Outsiderin', die 'alte Dame', die alles überrundet und an sich reißt an Wirkung und negativer Größe. Therese Giehse als Irrenärztin ist allein eine Reise zu den Zürcher ,Physikern' wert. Eine Frau, die einem in ihrer altjüngferlichen Verlassenheit und Boshaftigkeit Schauer des Grauens den Rücken herunterrieseln läßt. Eine Rolle, für die es im deutschsprachigen Theater als Schauspielerinnen-Pendant nur noch die Flickenschildt gibt. So war es ja auch damals bei Dürrenmatts ,Besuch der alten Dame'. [...]"

Friedrich Luft, der Berliner Kritiker, schreibt u. a. (,Die Welt', 23. 2. 1962): „[...] Das Zürcher Schauspielhaus hatte diese Uraufführung wieder groß gerichtet. Drei Premierenabende, um die Fülle der Zugereisten zu fassen. Eine Besetzung, wie sie Bühnen unserer Sprache nicht oft finden in dieser Zeit.

Regie hatte Kurt Horwitz. Sonderbar, daß er das Tempo der Groteske zu Anfang so hinzog. Der schwarze Humor, der da gleich vom Start weg loszieht, kriegte in dieser Aufführung nicht die rechte Fassung. Viel verblüffender könnte das sein, scheußlicher und schöner. Eigenartig auch, wie er den letzten Schluß, wie er den vorsätzlichen Rück-
fall der aufgeklärten Verrückten in den Verstellungswahnsinn überakzentuierte.

Die drei entlarvten Geheimnisträger treten in ihren Wahnsinn zurück, kapitulierend vor dem amoklaufenden Irrsinn ihrer Zeit. Horwitz ließ das sprechen wie mit Klavier und Geige. Achselzucken, Resignation, schmerzlich lächerliches Aufgeben wäre zu zeigen gewesen. Der Vorhang hätte mit mehr Wirkung fallen können.

Trotzdem war der Beifall schier endlos für Dürrenmatts prolongierten Irrenwitz mit dem Wahnwitz der entfesselten Physik. Mehr als dreißig Vorhänge konnte man zählen. Das Stück wird über alle Bühnen gehen, ohne Zweifel. Und denkbar wäre, daß es noch besser, noch einheitlicher in seiner heiklen Ambivalenz ausgekostet wird, als hier geschah.

Ganz herrlich war Theo Lingen. Er spielt den Einstein, den träumerisch irren Abgesandten des Ostens. Mit kleiner, ökonomischer Gestik geht er zu Werke. Er setzt seine Worte wie erstaunte, kurze Stiche. Er bringt den Schauder auf die Szene und das Gelächter auch.

Gustav Knuth, er nun der Newton aus den Spionageküchen des Westens, gab sich breit und behaglich, freiheitlich jovial und mit viel mehr spielerischer Attitüde. Da denn tat er oft zuviel, laute Lacher genießend, wo Andeutung komischer gewesen wäre. Hans Christian Blech ist die verfolgte Unschuld, das gejagte Wunderkind der Kernphysik. Ganz glaubt man ihm vom Typ her den Gelehrten hohen Ranges nicht. Er ist mehr der verschreckte Assistent, der etwas läuten gehört hat, als eigentlich der Erfinder, der letzte Fabrikant des Unheils. Doch spielt er gegen dies Handikap redlich an.

Wunderbar, wie Hanne Hiob dann wieder eine ganz abstrakte, kaum spielbare Liebesszene spielbar machte. Sie, als die Krankenschwester, bei der sich der Geheimnisträger vor seinem Geheimnis ausruht.

Therese Giehse ist die neue 'alte Dame', das altjüngferliche Biest von Irrenärztin, endend im gefährlichsten Irrsinn. Anfangs noch ist sie unsicher und schwankend. Dann aber faßt sie die Figur grandios.

Ellen Widmann ist eine herrlich weinerlich trockene Oberschwester, Angelika Arndts eine fromme Helene, entzückend scheußlich in ihrer vorsichtigen Penetranz. Am Rande manch lustiges schauspielerisches Füllwerk. Ganz großen Atem hat die Aufführung nicht in Teo Ottos vergammeltem Bühnenbild. Trotzdem war — und mit Recht — der Erfolg vehement. [...]"

Siegfried Melchinger bemerkt (,Stuttgarter Zeitung', 23. 2. 1962): „[...] Dem außerordentlichen Schauspieler Hans Christian Blech gelang es, die drei Ebenen, auf denen diese Gestalt in der Spirale schwankt, zum Boden eines einzigen Lebens zu machen. Wenn er den Verrückten spielte (Höhepunkt: der ,Raumfahrer-Psalm des Königs Salomo'), verzerrten sich seine Züge bis an die Grenze der Verzweiflung, die ihn zu diesem Entschluß getrieben hatte; als er die Maske fallenlassen durfte, gewann die ruhige Überzeugungskraft, mit der er die anderen zum Bleiben bewog, die tragische Dimension der Einsamkeit; und der Schritt von der gespielten zur wirklichen Verrücktheit erschütterte, weil eine ungeheure Anspannung den Grund sichtbar machte, der keinen anderen Ausweg zuließ.

Wäre den beiden anderen Hauptdarstellern eine ähnliche Aufgabe zugewiesen worden, so hätten auch sie in dieser letzten Szene unser Mitleid geweckt. So aber hat sich

21

Dürrenmatt darauf beschränkt, sie im ersten Akt die Verrückten spielen zu lassen und im zweiten Akt zu entlarven. Keiner hat ein eigenes Problem. Ihre Motive sind nur nach den Mächten unterschieden, in deren Auftrag sie handeln. Sie haben keinen Charakter. Wenn sie dennoch in jeder Szene interessant waren, so ist das ein Verdienst der Schauspieler. Gustav Knuth stellte der lustigen Verschlagenheit, mit der er seinen angeblichen Irren den Newton spielen ließ, die rüde Brutalität des Agenten gegenüber; wenn er von der letzteren zur ersteren zurückkehrte, war er besonders köstlich; seine Figur hatte Humor; nur wußte niemand, woraus sie ihn zog. Theo Lingen überraschte durch die unheimlich konzentrierte Studie eines Mannes, der sich für Einstein hält: schon der erste Auftritt, mit der Geige in der Hand, sprengte die Groteske; er war rührend; der Umschlag in die nackte Wahrheit des Agenten ließ an Schärfe nichts zu wünschen übrig; auch diese Figur hatte einen düsteren Humor, den man gern in einer menschlichen Tiefe begründet gewußt hätte.

Dürrenmatt verdankt den Darstellern seiner drei Physiker viel: nicht weniger verdankt er Therese Giehse, die der buckligen Irrenärztin alle Skurrilität der Groteske gab und doch immer wieder die Zone des Gespenstischen erreichte, oder Hanne Hiob, die ihre Krankenschwester mühelos aus der stillen, selbstgewissen Emotion der Liebe in die Ekstase des Missionarischen steigerte, dem Regisseur Kurt Horwitz, der dem Dialog und der Szenenführung in Teo Ottos gerade noch realistischem und schon leicht gruseligem Bühnenbild den Stil der harten Kontur und die Spannung des Ungewöhnlichen gab, und nicht zuletzt dem Direktor des Zürcher Schauspielhauses, Kurt Hirschfeld, der dem Abend schon durch die glänzende Besetzung den Rang eines Ereignisses sicherte. [...]

Joachim Kaiser führt aus (,Süddeutsche Zeitung', 23. 2. 1962): „[...] Die Aufführung blieb, so schien mir, hinter den Möglichkeiten und Unmöglichkeiten dieses Weltuntergangslibrettos weit zurück. Kurz Horwitz hat redlich (das ist wahrlich kein Schimpfwort) inszeniert, was dastand, vom Autor assistiert; aber es fehlte der Aufführung ein spezifischer Ton, ein durchgehaltener Stil, irgendein Äquivalent für Dürrenmatts gläsern-skurrilen Witz. Matt, fast breiig kam der erste Akt, er ertrank in der sicherlich anspielungsreich gewollten Plüschpappe des Bühnenbildes (Teo Otto), war nicht schneidend, nicht forciert.

Besser gelang, trotz unvermeidlicher Leitartikel, dann der zweite Akt, wo die Starbesetzung sich freigespielt hatte. Hans Christian Blech als genialischer Moebius stand im Mittelpunkt. Die Rolle ist gleichwohl ärmer als das Ensemble lustvoller Chargen um ihn herum. Mir schien Blech in der Liebesszene (die gerade, weil die Liebe echt ist, auf den Tod hinauslaufen muß) viel zu drohend, viel zu gehemmt. Der Mord war keine Überraschung mehr, was er trotz aller Vorbereitung und Unausweichlichkeit doch sein müßte. Erst im rührend großen Schlußmonolog vom armen König Salomo fing Blech an zu leben. Da allerdings war er wohl unvergeßlich.

Theo Lingen und Gustav Knuth spielten den Wahnsinn anfangs zu gut, zu leichtfertig komödiantisch, um nicht die Logik des Spitzel-Quipro-quo ein wenig zu gefährden. Es war lustig, aber nicht gefährlich. Knuths Empfindungsferne, spitzbübische Irrenheiterkeit angesichts des Grausamen paßt besser in entsprechende Irren-Filme, und auch der souverän verträumte Theo Lingen blieb — möglicherweise eine Premierenfolge — relativ blaß.

Zwischen Hanne Hiob und Blech kam es nicht zum Dialog der Liebe. Verschlossen in eine seelenvolle, herbe Starrheit sagte Frau Hiob heikle Sachen. Die 'drahtziehende' Therese Giehse entbehrte, so großartig sie die Bühne zu füllen verstand, doch allzusehr der Claire-Zachanassian-Dämonie, sie war nur entschlossen häßlich und unwiderstehlich resolut; aber die Geister des lyrischen Wahnsinns und des imperialistischen Alps blieb sie schuldig. Dürrenmatt hat sogar aus der Rolle des Kommissars, der ja angesichts solcher Irrenmorde nicht einzugreifen braucht, eine hintergründige Studie gemacht, dem 'immensen Gefühl' gewidmet, daß auch die Gerechtigkeit Ferien haben kann. Fred Tanner, weitaus schwächster Punkt der Aufführung, konnte mit der Rolle schlechthin gar nichts anfangen. Um so glaubhafter freilich das kümmerlich-kinderreiche Missionsehepaar (Erwin Parker, Angelika Arndt).

Es war also, trotz kaum überbietbarer Besetzung, keineswegs eine unschlagbare Aufführung. Zu diesem gewagten Stück dürfte manchem trotzigen Regisseur noch manches einfallen; zumal was den Wahnsinn und seine Funktion angeht. [...]"

Willy H. Thiem meint (,Frankfurter Abendpost', 24. 2. 1962): „[...] Verleger, Agenten, Filmleute und Theaterfreunde aus aller Welt waren an drei Abenden, von Mittwoch bis Freitag, im Züricher Schauspielhaus, um das neueste Stück des mittlerweile weltrenommierten Autors zu sehen.

[...] In Teo Ottos nachlässigem, uninspirierten Bühnenbild hatte Kurt Horwitz mit Sorgfalt inszeniert.

Gustav Knuth, Theo Lingen und Hans Christian Blech spielten die drei Titelhelden: Knuth in den Nuancen zuweilen zu sehr das rustikale Naturell hervorkehrend, die Freude am Spiel etwas zu breit lauernd, womit Verharmlosungen aufkommen und manchmal das Hintergründige aussetzt; Lingen gab mit gestochener Präzision, behutsam die Spannungsdichte festigend, den Physiker Ernesti mit dem Einstein-Tick; und Hans Christian Blech war mit kontrolliert rhetorischer Kraft, mit der geprägten Zielstrebigkeit seiner Spielintensität der Mann mit den salomonischen Visionen.

Therese Giehse profilierte die Anstaltschefin von Zahnd aus der Fülle ihrer Mittel, im zunehmenden Fortgang der Dinge setzte sie zuweilen zu viel Vertrauen in das Gewohnte, in die sichere Erfahrenheit der Wirkungen, anstatt der Figur und ihrer Steigerung zu folgen; sie steigerte artistisch, wo substantielle Verdichtung, Verinnerlichung im Bösen — vom Stück her — gefragt war.

Hanne Hiob als Schwester Monika war die Fehlbesetzung des Abends, weder im Naturell, noch was, in großen Zügen wenigstens, die Funktion der Rolle angeht, war da Stimmiges zu erspielen.

Den kummergewohnten Kriminalinspektor, der allmählich lernt, vor der Unzurechnungsfähigkeit zu kapitulieren, spielte Fred Tanner, Peter Ehrlich fungierte als entschlossener Krankenwärter, Angelika Arndts und Erwin Parker spielten das Missionarehepaar Rose.

Das Publikum des ersten Abends folgte mit wachsender Gespanntheit, reagierte spontan, zum Schluß beklommen und feierte dann alle Beteiligten mit großer Herzlichkeit. Der Beifall konzentrierte sich zunehmend auf Dürrenmatt, der — nach der ,Alten Dame' — jetzt den zweiten großen Erfolg seiner Karriere errang und mit diesem neuen Stück zu Beginn der kommenden Saison auf allen großen Schauspielbühnen der Bundesrepublik zu Wort kommen wird."

Elisabeth Brock-Sulzer, beste Kennerin der Werke Dürrenmatts beschreibt die Aufführung (,Frankfurter Allgemeine Zeitung', 26. 2. 1962): [...] „Ich sagte es schon: hier ist voll auskristallisiertes Theater. Hier ist Raum für den Schauspieler, hier ist Raum für den Bühnenbildner, hier ist eine bindende Aufgabe für den Regisseur. Wie Dürrenmatts erstes Stück von Kurt Horwitz betreut wurde, so auch dieses letzte. Es war eine Aufgabe, wie sie nur providentiell genannt werden kann. Denn Horwitz weiß wie wenige, was le-

bende Klassik ist. Er weiß das Klassische in all seinen Formen aufzuspüren und heraus-
zuholen. Er ist kein Klassizist. Er weiß die Schönheit des nackten, unverstellten Baues
vor Augen zu führen. Er weiß um die Kunst der Fuge. Teo Otto hat ein Intérieur von
einer sehr leisen, versteckten Verrücktheit geschaffen, die man mehr mit den Nerven als
mit dem Auge aufnimmt, ein Bild ohne jeden Selbstzweck — vorbildlich. Und Darsteller
hat diese Uraufführung, wie sie in den Hauptrollen nicht übertroffen werden dürften
und wie sie den kleineren Rollen wohl anstehen. Die Figur der Irrenärztin hat Dürrenmatt wie seine Alte Dame eigens für Therese Giehse geschrieben. Sie verkörpert sie mit
halluzinatorischer Kraft, schon in der Erscheinung wird sie mit fast unmerklichen Mitteln zu einem Gespenst aus Fleisch und Blut, zu einem höchst realen, ja sogar nötigen-
falls einmal gemütlichen Ungeheuer. Die drei Physiker werden von einem ebenfalls fast
providentiell zu nennenden Trio gespielt: Knuth, Lingen, Blech. Knuth blinkt mit seiner
ganzen gütigen Pfiffigkeit immer wieder durch die Ritzen seiner Rolle, phantastisch,
schlaumeierig, wirklich, anständig und von lachender Courage, groß aber auch im
Ernst — so liebenswert noch im Grotesken, wie vielleicht nur er es sein kann. Lingen
hat wenig Text — man macht es sich nur mit Mühe klar. Denn da ist eine Dichte der
Erscheinung, eine Dichte der blassen Gewichtslosigkeit, ein Peter Schlemihl, schatten-
los, lautlos, sein Lachen klingt wie Weinen und seine Worte wiegen wie Schweigen.
Lingens erster Auftritt, wo er seine Geige in sparsamsten Tönen anzupft, läßt das Leben
einen Augenblick stillstehen. Er hat als 'Einstein' den Satz zu sprechen: ‚Ich liebe die
Menschen und liebe meine Geige, aber auf meine Empfehlung hin baute man die Atombombe.‘ Er spricht ihn so, wie man ihn sprechen muß. Wie viele vermöchten es aber?
Blech ist der Mittelpunkt des Stücks, der ‚größte Physiker aller Zeiten‘, der sich opfernde
Tapfere, der ‚in sein eigenes Gefängnis geflüchtet‘ ist. Blech ist noch mehr. Er ist der
deutsche Schauspieler von heute. Ein Glied der 'geopferten Generation', der man so oft
die Freiheit des großen Spiels versagt glauben konnte. Auch ein 'verhinderter Held', ein
zur bloßen Tapferkeit Verurteilter und ein triumphaler Sieger. Sein Triumph liegt in der
Verhaltenheit, die kein Unterspielen ist, in der soldatischen Knappheit, in der Befruch-
tung aller Widerstände. Sein hartes Gesicht mit den gefangenen, gehetzten Augen, seine
wie in Holz geschnitzten Ausdrucksbahnen, seine ganz sichtbar gewordene Innerlichkeit,
seine kompromißlose Wahrhaftigkeit, sein tierhaftes und kluges Leiden, seine männliche
Schamhaftigkeit — man muß hier Dinge sagen, die man sonst verhält und die ja auch
kaum je ausgesprochen werden müssen —, seine kurzen Augenblicke der Leichtigkeit,
des schwerelosen Glücks, das dann zu blitzender Heiterkeit wird — das ist alles durchaus einzigartig. Und sehr deutsch. Wie glücklich aber ist man, das Wort deutsch wieder
einmal aus Heutigem heraus mit dem vollen Gewicht der Wesentlichkeit erfüllt zu sehen. Dürrenmatt hat uns Großes gegeben — in seinen Betreuern und Darstellern wurde
ihm Großes gegeben. Er müßte nicht Dürrenmatt sein, wenn er es nicht wüßte.“

Ossip Kalenter beginnt und schließt seine Kritik (‚Der Tagesspiegel‘, 1. 3. 1962): „Das
Zürcher Schauspielhaus, das Max Frisch und Friedrich Dürrenmatt als seine 'Hausdich-
ter' bezeichnet, brachte Dürrenmatts neue Komödie ‚Die Physiker‘ zur Uraufführung,
deren Proben und Vorbereitungen von einer Art 'Cordon sanitaire' umgeben waren: der
Dichter hatte verboten, die Textbücher auszuliefern, die Photographen durften zu ihren
Bildern keine Legenden geben, die womöglich den Inhalt des Stückes verraten hätten. [...]
    [...] Kurt Horwitz, der die Regie führte, grenzte die drei Ebenen — den Intentionen
des Autors folgend — absichtlich nicht scharf und deutlich ab, sondern verwischte sie zu
jenem Clair-Obscur, das die Welt ausmacht, jedenfalls die Menschenwelt. Therese
Giehse war mit bösartig-humoristischen Zwischentönen das medizinische und wirt-

schaftswunderliche Ungeheuer Dr. Mathilde von Zahnd. Gustav Knuth und Theo Lingen brillierten als 'Newton' und 'Einstein' und hatten nach einigen ihrer Prosa-Arien Sonderapplaus. Hans Christian Blech, dieser klare und intelligente (was nicht heißen soll: intellektuelle) Schauspieler, spielte schlicht und gerade die Rolle jenes jungen Physikers, der sich aus der Verantwortung gegen die Menschheit ins Irrenhaus zurückzieht und seine Entdeckungen zurücknimmt. (Wem wünschte Dürrenmatt wohl hier mit dem moralischen Beispiel heimzuleuchten? Auch Albert Einstein bekommt, im Zusammenhang mit der Atombombe, hier eins aufs Dach.) Und alle drei, Knuth, Lingen und Blech, kämpften in den allzu spruchbänderreichen Szenen des Realen wacker gegen das Papierene von Dürrenmatts Diktion an, das sich peinlich auch in Salomos, ach, so aktuellem ‚Psalm, den Weltraumfahrern zu singen‘ bemerkbar machte.

Vor einem Parterre von Koryphäen und Kennern — man sah fast die gesamte deutsche Theaterkritik anwesend, daneben so respektable Grand Old Men des Theaters wie Max Reinhardts einstigen Dramaturgen Harry Kuhn — und vor einer das Haus bis zum letzten Platz füllenden Menge von Zürcher Theaterenthusiasten konnte der Autor dem reichen Beifall danken.“

In ‚Die Zeit‘ (2. 3. 1962) geht *Johannes Jacobi* in einer recht knappen Kritik auf die Aufführung ein: „Szenenapplaus kassierten in der Uraufführung Schauspieler für Bravourleistungen gespielter Idiotie. Theo Lingen, wie ihn keiner kennt, wurde zuerst bedankt für einen gespenstischen Auftritt als 'Albert Einstein', die Geige in der Hand. Spontanen Beifall gab es auch für Gustav Knuth nach einer barocken Irren-Nummer als 'Isaac Newton'. Schließlich Therese Giehse, Dürrenmatts herrliches Monstrum, das seine Rollenkonzeption schon wiederholt angeregt hat: Die 'Alte Dame' ist jetzt eine bucklige Jungfer aus uraltem Geschlecht, von der es am Schluß heißt: ‚Das Schlimmste ist eingetroffen — die Welt ist in die Hände einer verrückten Irrenärztin gefallen.‘ Die drei waren herrlich, obwohl — dramaturgisch betrachtet — die Giehse noch monströser, Knuth schärfer, intellektueller hätte sein dürfen.

Dürrenmatts Weltuntergangsfarce wurde vom Zürcher Schauspielhaus als großes Theater herausgebracht. Kurt Hirschfeld, der Intendant, hatte eine Besetzung aufgeboten, die ihm in Deutschland keiner so leicht nachmachen wird. Hans Christian Blech kehrte aus den Publicity-Gefilden französischen Filmstarruhms zurück, um in Zürich die Mittelpunktsfigur der ‚Physiker‘ zu spielen, einen Supergelehrten, der sich irr stellt, weil er die Weltuntergangsformel gefunden hat. Blech spielte mit Ausdruckswut die moralische Emphase.

Sogar Hanne Hiob, die Brecht-Tochter, seit ihrer 'Heiligen Johanna der Schlachthöfe' bei Gründgens als proletarischer Typ abgestempelt, gewann hier ein anderes, weibliches Gesicht.

Wenn Kurt Horwitz, Wegbegleiter von Frisch und Dürrenmatt als Regisseur und Schauspieler, das achte Bühnenwerk Dürrenmatts mehr den Schauspielern auslieferte, anstatt konsequent auf 'schwarzen' Werkstil hin zu inszenieren, so hatte gerade er, Horwitz, seine diskutablen Gründe dafür. Sie liegen im Stück. Was es als Stoff und ‚Komödie‘ bedeutet, davon wird noch zu berichten sein.“

3.2. Deutsche Erstaufführung: München
Es ist nicht weiter verwunderlich, daß ‚Die Physiker‘ in der folgenden Theatersaison das meistgespielte Stück des deutschsprachigen Raumes wurden:

Autor und Thema bürgten für Zeitgerechtigkeit, Renommee, volles Haus. Von den zahllosen Nachspielungen können hier nur wenige ausgewählt und ins Blickfeld gerückt

werden. Bei denjenigen, die unmittelbar folgten, ergab sich die Frage: die Zürcher Aufführung kopieren oder dem Text andere Nuancen und Akzente abgewinnen. — Die
deutsche Erstaufführung fand am 23. 9. 1962 in den Kammerspielen in München statt.

Hier inszenierte Hans Schweikart mit den beiden Zürcher Stützen Therese Giehse und
Hans Christian Blech, ergänzt durch Peter Passetti, Horst Tappert, Siegfried Lowitz   5
und Irene Marhold.

Willy H. Thiem schreibt über die Erstaufführung (,Frankfurter Abendpost‘ 24. 9. 1962):
„Von der Stimmung des Münchner Premierenabends her: das Stück ist nicht so gut an-
gekommen wie bei der Uraufführung in Zürich. Das Publikum blieb reserviert, blieb mit
einer Art Vorsätzlichkeit auf Distanz, als habe es gegen den Autor eine alte Voreinge-   10
nommenheit abzugelten. Man sollte meinen, in München sei man stolz auf Dürrenmatt
und zähle ihn zu den Kindern des Hauses — denn Schweikart hat alle seine Stücke gemacht. — Aber im Gegenteil: Dürrenmatt hat es schwer in München. [...]

Schweikart hat klar und treffend inszeniert — am Premierenabend litt das durch-
gehende Spieltempo aus effektiv unersichtlichen Gründen an einer gewissen Verlang-   15
samung; was den ferneren Aufführungen nicht als Mangel anzuhaften braucht.

Therese Giehse, die schon in Zürich die Rolle der Anstaltsärztin Mathilde von Zahnd ge-
spielt hat, folgte auch in München dem gleichen Spielmodus, Präzision mit einem Zug ins
Künstliche, manches chargenhaft angelegt und kraft Persönlichkeit in eine strenge formale
Prägung hochgeläutert — über diesen Spielmodus an sich läßt sich freilich streiten.   20

Hans Christian Blech spielte, wie ebenfalls schon in Zürich, den Möbius, den Moralisten der Physik — er vertiefte die bereits bekannte Spielanlage ins Psychologische,
prägte manches formal aus, ohne — jedenfalls für den Premierenabend — dabei an
Intensität zu gewinnen; eigenartig — manche Nuancen scheinen jetzt plötzlich übertan,
so etwa, wenn er nach seinem brillant gespannten Salomoschluß nach dem Hintergrund   25
abgeht und die richtige Tür unter drei möglichen sucht; diese Nuance, beispielsweise,
schädigt die Wirkung, hebt sie nicht.

Horst Tappert als Ernesti, genannt Einstein, spielte dezent ohne einer banalen Komik
zu erliegen, Peter Pasetti als Beutler, genannt Newton, ergänzte das Physiker-Terzett.

Den Kriminalinspektor spielte Siegfried Lowitz; als film- und fernseherfahrener Krimi-   30
nalist hielt er auf Anhieb den Rang einer bundesdeutschen Best-Besetzung.

Irene Marhold als Schwester Monika, deren Schicksal sich in einer einzigen, knappen
Szene erfüllt, gab klar und sicher die ganze Essenz dieses raschen Vollzugs.

Jörg Zimmermann hat ein ideales Bühnenbild entworfen — Jahrhundertwende-Villa,
pompös stakkatiert, zu nunmehr medizinischer Verwendung auf Hochglanz lackiert.   35

Das Publikum dankte den Mitwirkenden zum Schluß mit freundlichem, langanhalten-
dem Beifall, in den auch schließlich der Autor, wenn auch mit merklicher Zurückhaltung,
einbezogen wurde. [...]“

Mathilde Köhler meint (,Hamburger Abendblatt‘, 27. 9. 1962): „Unvoreingenommen
lieben wird man die fast legendenhaft sanfte Gestalt des ‘Einstein’, den Horst Tappert   40
in München spielt, und auch den rastlosen, unglücklichen ‘Newton’, von Peter Pasetti.
Warum der geniale Physiker Möbius wie Klaus Fuchs aussieht, gehört zu den vielen un-
beantworteten Fragen dieser großartigen Münchner Aufführung.

Friedrich Dürrenmatt war bei den Proben zugegen und bei der Premiere. Es ist immer
wieder amüsant, festzustellen, wie die höchst bürgerliche Erscheinung dieses Bühnen-   45
dichters so gar nicht zusammenzubringen ist mit jenen Stücken einer abgründigen
Trauer, der die salzigen Tränen ironischen Gelächters übers Antlitz fließen.“

Wolfgang Drews schreibt (,Frankfurter Allgemeine Zeitung', 29. 9. 1962): „[...] Die Münchner Kammerspiele zählen zwei der Züricher Protagonisten zu ihrem Ensemble. Abermals ist Therese Giehse die schrullig bucklige Oberärztin, die zielbewußt in den Irrsinn strebt. Großartig der Übergang aus der bekannten Berufskrankheit in das komplette Verrückte, das die Welt zerstören wird. Wiederum gibt Hans Christian Blech den exemplarischen Pseudowahnsinnigen, dessen Gesicht den überlegenen Geist und die große Verwirrung spiegelt. Kalt und nüchtern legt er die Emotionen dar, die ihm die angestrengte Konstruktion aufbürdet. — Auf Gustav Knuths Posten bemüht sich wacker Peter Pasetti und mangelt nur des höchsten Glücks der Erdenkinder, der Persönlichkeit, die den humorvoll überlegenen Ersatz-Newton auszeichnete. Mit Einsteins Geige und Tabakspfeife erscheint jetzt Horst Tappert, der das Niveau des sanft gespielten Irren hält. Irene Marholds Schwester Monika erringt mit jugendlichem Liebreiz Sympathien. Die Überraschung des beifällig aufgenommenen Abends war Siegfried Lowitz: er macht aus dem Schemen des Kriminalkommissars eine wirksame und wirkliche Gestalt.

Hoffentlich ist demnächst einmal ein Regisseur so eigenwillig, das schwache Stück eines starken Theatralikers kritisch und leichthin zu inszenieren, ohne Betonung und Bedeutsamkeit. Gegen den Autor, also zutreffend."

3.3. Weitere Aufführungen: Hamburg, Berlin, Frankfurt, Hannover, Düsseldorf

Ernst Wendt hat sich das Vergnügen gemacht, eine ganze Reihe deutscher Aufführungen zu sehen und zu vergleichen.

Sein Bericht (Theater heute 3, 1962, 12, S. 14) ist überaus aufschlußreich: „[...] Eine Aufführung ließe sich denken, die all den Abhub menetekelnder Weltbeschwörung, der sich zumal im zweiten Akt so spaßtötend einstellt, souverän beiseite räumte. Eine Aufführung, die das Stück gleichsam vom Schluß her inszenierte, von der letzten, der schnödesten der Demaskierungen (,Die Welt ist in die Hände einer verrückten Irrenärztin gefallen'); die darum von Anfang bis zuletzt einen Ton böser, kalter, übermütiger Weltverachtung mitschwingen ließe und den zum galligen, zynischen Ende hin in höchste 'Verstimmung' triebe, zu zerstörerischer, teuflischer Fratze. Die bucklige Ärztin zum grauslich-betörenden Schreckbild gesteigert, zur personifizierten Bombe: dann freilich gewönne das Stück plötzlich — in ihr — eine ganz neue Dimension, und die Figur möchte zu jener fast mythologischen Bildkraft der ,Alten Dame' aus Güllen hinaufreichen.

Die Giehse — nach der Zürcher jetzt in der Münchner Aufführung — ist dem fast nahe. Sie fügt — so doktorhaft gemütvoll und schulterklopfend sie lange Zeit auch auf und ab schreitet — der Erscheinung vom ersten Auftritt an jenes Gran dämonischer Abgefeimtheit bei, das zum Schluß weniger auf klinischen Irrsinn denn auf imperialistischen Größenwahn hinführt. Wenn sie da hohnvoll triumphierend auf der Couch sitzt, lachend, zwischen den wie erstarrten Physikern, und diese noch immer fast mütterlich umarmt — welche Gebärde höllisch-süßer Weltvernichtung!

An die Giehse reicht keine der sechs Buckligen, die ich sah, heran! Das Gegenbild dazu entwirft — in Hamburg, Deutsches Schauspielhaus — Elisabeth Flickenschildt. Alles Bösartige, alle geduckte, macht-geile Triebhaftigkeit ist zurückgenommen und in schillernde, flattrige Nervosität überführt. Singende, febrile Töne herrschen vor, das Derb-Kräftige (bei der Giehse) weicht hier eher vornehmer Distanziertheit. Man weiß zu früh: diese ist die Verrückteste im Haus. Sie spielt das zeitig, aber später nicht voll aus. Wilde, gierende Machtlust bleibt da auf einen Zustand rauschhafter Erhöhung reduziert, die Flickenschildt scheint am Schluß wie in Trance weggerückt. Zwar verzückt vom Anblick unermeßlicher Gewalten, würde sie doch nur aus Versehen, aus solcher Entrückung heraus auf den Knopf drücken und die Welt in die Luft jagen.

27

In allen Aufführungen, die ich sah, war das Fräulein Doktor die interessanteste Figur. In Hannover, wo Fridel Mumme abweisende, graue Kälte ins Bild mischte und sich wie mit einem schützenden Eispanzer umgab, in Hannover so gut wie in Bochum, wo Ida Ehre, die Hamburger Kammerspiel-Direktorin, in der Rolle gastierte und wieder mehr die bösartig-verklemmten, pathologischen Züge und neben dem körperlich Verkrüppelten zugleich das seelisch Bucklige herauskehrte. Selbst in Berlin, wo Berta Drews sich mit viel nachdrücklicher Kraft und Derbheit, aber ohne die schillernden, spinnerigen Zwischentöne, dafür mit großem, exaltiertem Ausbruch am Schluß, um die Rolle mühte. Und auch in Frankfurt noch, in Rosemarie Gerstenbergs Spiel, welche die Figur eher zur mickrigen, spitzen Bürohexe reduzierte und von dämonischer Größe nur noch eine verhemmte, in Räsonnement umschlagende Altjüngferlichkeit übrigließ. Überall erwies sich, daß in diesem zweiten Aufguß der Claire Zachanassian immer noch mehr Erfindungskraft und Reichtum steckt als in den recht sehr schmalspurig angelegten, durch ihre mehrfache Maskerade mehr verblüffenden als 'Fleisch' gewordenen Physikern.

Denn Einstein und Newton, kein Zweifel, sind Marionetten, ihre rohe Kontur scheint auch durch die Falten des farbigen historischen Überwurfs hindurch. Newton ist am kärglichsten mit menschlichen Zügen ausgerüstet. Am ehesten zogen sich hier die Schauspieler aus der Affäre, die die historische Folie und die Komik der Maskerade am hemmungslosesten ausnutzen: Alfred Schieske in Berlin mehr mit barocker Fülle, Richard Münch in Hamburg eher mit weltmännischer, augenzwinkernder Generosität. — Dem Einstein sind dagegen einige ganz zarte, in Stille tief eingewobene Töne aufgegeben. Aber wenn man jenen so hochgerühmten ersten Auftritt des schnurrbärtigen, weißhaarigen alten Mannes im Pullover (,Ich bin aufgewacht — Geigte ich schön? — Ich gehe wieder schlafen') sechsmal gesehen hat, und sechsmal hat einer weltabgewandt — mal eher besinnlich, mal eher kindlich — dreingeschaut und auf der Geige gezirpt —, dann bleibt von all den Einsteins (Leonard Steckel, Walter Uttendörfer, Joachim Teege, Ullrich Haupt, Johannes Schauer, Horst Tappert) wohl nur Steckels Spiel aus der Berliner Aufführung im Gedächtnis. Der lange und bedächtige Gang aus seiner Tür heraus nach vorn und wieder zurück, in den weit schlabbernden Hosen; der steil puppenhafte Gestus, den Steckel sich dafür zurechtgemacht hat, die wie mit nervösem Rucken, ausgezirkelt dennoch, vorgetragenen Bewegungen. Auf dem Umweg über die 'Gliederpuppe' trat da plötzlich Leben hinter der Maske hervor, während eines langen Augenblicks sah fahles Entsetzen ihm über die eine und milde heiter verklärte Weisheit über die andere Schulter.

Diese Berliner Aufführung (Inszenierung Lietzau) befremdete zuerst ein wenig, weil sie den Bruch, der durch das Stück geht, so ungeniert ausspielte: komisches Maskenspiel neben leise sich entfaltende Wehmut setzte und satirisches, höhnisches Grimassieren neben schmerzlich mahnenden Appell. Im nachhinein erweist sie sich als die im Detail — im Farcenhaften wie im Nachdenklich-Beschwörenden — am genauesten gearbeitete Inszenierung, der trefflichen, mit Tappert und Pasetti aber nicht so ganz glücklich ausgerüsteten Münchner Aufführung Schweikarts fast überlegen. Diese ist die geschlossenere, die mehr auf einen Ton aufs infernalische Hohnlachen der Giehse gestimmte. Jene hat ihren Ruhepunkt in Erich Schellows Möbius, um den herum wechselnd skurrile und schnöde Wendungen sich ranken.

Schellow und Blech. Der Berliner und der Münchner Darsteller des Möbius verkörpern zwei — die extremen — Spielweisen für diesen verhinderten Helden. Blech wendet — so kühl, so verhalten er sie vorträgt — alle Qual, alle aufrichtige, unbedingte Menschlichkeit und das Leiden am Irrsinn der Welt nach außen. Hinter den harten, wie gemeißelten Konturen und Furchen seines Gesichts, den beherrschten, doch so dringlichen Gesten macht er tiefinneren Schmerz sichtbar. Schellow ist schon vom Habitus her ganz das Gegenteil: alle anderen laufen im offenen Hemd, im sportlich-legeren Jackett herum, er ist der einzige, der unter verbogenem Kragen einen altmodisch geknoteten Schlips trägt, gar eine Weste und einen steif gemusterten Anzug. Salopper, 'kurzgeschorener' Knappheit stellt er den leicht verknautschten, aber um Korrektheit bemühten Akademiker gegenüber. Alle (Blech nicht anders als Manfred Heidmann in Bochum, Reincke in Hamburg, Günther Neutze in Hannover, Hans Caninberg in Frankfurt) — alle zeigen sie — äußerlich — den nüchternen Eierkopf, den modernen Experten. Schellow ist dem treffenderen sozialen Habitus auf die Spur gekommen. Und weil er die ehrliche, verzweifelte Schamhaftigkeit der Figur dahinein verpackt, braucht er sie nicht hinter der Kruste hartgesottenen Understatements zu verstecken, darum kann er verinnerlichten Schmerz offen bloßlegen, muß ihn nicht hinter mürrischer Trockenheit (Neutze) oder gar eifernder Tirade (Reincke) verbergen. Und darum, weil er die Gestalt in ihrer sozialen 'Befangenheit' sichtbar, faßbar macht, kann sie ihm auch nicht zu schwammiger, konturloser Weichheit (Caninberg, Heidmann) zerlaufen.

Was ist — um das Fazit zu ziehen — noch zu erwähnen? Jörg Zimmermanns wohlgelungenes Münchner Bühnenbild, pompösen Barock über kalte Sanatoriumsnüchternheit türmend, und Franz Mertzens dagegen schlicht mißlungener, holzgetäfelter Salon, der — wohl den Widrigkeiten des Frankfurter Börsensaals zuliebe — den Raum zweistöckig gliederte und so die Ökonomie des Stücks empfindlich störte. Und zum Schluß wohl (wenngleich sie ganz meinem Sinn widerstrebt und meiner Einschätzung von Dürrenmatts Stück): Kurt Hirschfelds, des Zürcher Intendanten, hannoversche Gastinszenierung. Sie war die dringlichste von allen, hartnäckige Studie von der Verantwortung der Physiker. Ganz karg, ganz schmucklos (fast humorlos) geführt, die Knalleffekte kaum nützend, und auf jene mit schmerzlichem Wissen und von Einsamkeit verhängten Schlußmonologe gezielt, da die Physiker — endgültig — ihre Masken auf sich nehmen."

Die Hamburger Aufführung hat sich auch *Eberhard von Wiese* angesehen ('Hamburger Abendblatt', 1. 10. 1962): „[...] Der erste Akt lief auch bei der Zürcher Uraufführung schwer an. Aber in Hamburg hat er die Unfertigkeit einer fortgeschrittenen Arrangierprobe. Keiner kommt so recht zum Zuge. Man spielt braves Stadttheater. Die Flickenschildt stiehlt sich selbst die Schau, indem sie viel zu früh keine Zweifel darüber aufkommen läßt, daß sie selbst die patenteste Irre ihres Instituts ist. Die derbe, bösartige Verschlagenheit, mit der Therese Giehse die Rolle in Zürich und München anlegt, bekommt ihr besser.

Richard Münch (Newton), Ullrich Haupt (Einstein) und Heinz Reincke (Möbius) sind das Physikertrio. Auch sie tasten erst unsicher herum, bis sie den Dürrenmatt-Stil dieses Stückes in den Griff bekommen. Als ob Erfurth begreifliche Angst vor den gefährlichen falschen 'Lachern' im Parkett gehabt hätte, übertreibt er das 'Unterspielen'. Das brillante Ensemble bekommt stellenweise Untertemperatur. Was dann Reinckes jähen ethischen Eruptionen zuviel Übergewicht gibt und sie gefährlich in die Nähe von Schlagwort-Parolen rückt. Was sie ja nun beileibe nicht sind.

In dieser Inszenierung bleibt vieles unausgeglichen. Jeder spielt sein Solo. Es fehlt das straffe Zusammenfügen zum Ganzen. Vieles wird in endlosen Pausen zerdehnt. Ella Büchi z. B. ist eine rührend verliebte Aufopferin als Schwester Monika. Aber ihre starke Szene mit Reincke steht ebenso verlassen im Rahmen der Gesamtinszenierung wie die fast kabarettistisch von Dürrenmatt hingesetzte, grotesk skurrile Szene vom Auftritt der Familie Möbius. (Elisabeth Goebel, Hans Ulrich großartig als physisch wie psychisch unterbelichtetes Missionars-Ehepaar.) Daneben kräftig gezeichnete Typen aus Krimi- und Irrenanstalts-Sphäre: Josef Dahmens hartgesottener Inspektor, die Ober-

29

schwester Ilse Ballys, der Oberpfleger Benno Gellenbecks. Karl Gröning gab dem Bühnenbild (Salon der Anstalt) die triste Eleganz verschlissener Jahrhundertwende. Man
muß ein Sonderlob Herbert Lenkeit spenden für seine Einstein-Maske, hinter der Ullrich Haupt sich bis zur Unkenntlichkeit verbirgt.

Der Beifall war herzlich und stark. Handfestes Theater wie diese ‚Physiker‘ wird wohl
jeder Inszenierung standhalten. Man hätte freilich von der Hamburger Fassung mehr erwarten dürfen."

Dazu formulierte *Jürgen Althoff* (‚Frankfurter Abendpost‘, 6. 10. 1962) eine Kontrast-
Kritik: „Friedrich Dürrenmatts erfolgsgewöhnte ‚Physiker‘, die favorisierte Stücknovi-
tät der neuen Saison, stellte das Hamburger Schauspielhaus von Gustaf Gründgens jetzt
erstmals im norddeutschen Raum vor. Die brillante Komödie wurde in der intellektuell
unterkühlten, das Gefühlsmoment auf den Nullpunkt reduzierenden Inszenierung Ulrich Erfurths, der die Hauptrollen prominent und durchweg auch ideal besetzt hatte,
mit genauem Spannungsvollzug und zügigem Spieltempo interpretiert.

Regisseur Erfurth kalkulierte in seiner auf exemplarische Wirkungen angelegten Aufführung die moralische Nutzanwendung der hochbrisanten Fabel scharf aus, gewann so
dem Entsetzen, mit dem Friedrich Dürrenmatt in den ‚Physikern‘ beharrlich spielt, eine
hautnahe Unmittelbarkeit und formuliert den makabren Tiefsinn des Zweiakters mit kla-
rer Präzision.

Die beruhigende Gedanklichkeit des Stückes, von Erfurth mit intelligenter szenischer
Phantasie behandelt, zog in Hamburg sehr direkt und mit ihrer ganzen schockenden
Bedrohlichkeit über die Rampe.

Elisabeth Flickenschildt steigerte die wahnsinnige Irrenärztin Mathilde von Zahnd, in deren Hände zum pessimistischen Stückschluß die Welt fällt, in ausgeprägter Persönlichkeits-
leistung in eine abgründige Dämonie, markierte die entscheidenden Rollenentwicklungen
mit nuancierter Entschlossenheit und schuf ihrem zwingenden Spiel dynamische Übergänge.

Den Super-Physiker Möbius, der aus Vernunft den Verrückten mimt, gab Heinz
Reincke mit imponierender darstellerischer Aufwandlosigkeit und der zutreffenden see-
lischen Tiefenlotung, die Figur in empfindsamer Gestaltung psychologisch absichernd
und mit überzeugender Leidenschaftlichkeit argumentierend.

Richard Münch, sprachlich bestechend, in der Rolle des Beutler, genannt Newton,
und Ullrich Haupt, der in eindrucksvoller Maske den Physiker Ernesti, genannt Einstein,
mit einer konsequent durchgehaltenen scheuen Zurückhaltung charakterisierte, verwal-
teten ihre Aufgaben mit spielartistischer Virtuosität, ohne je ins komödiantisch
Leichtfertige zu geraten und verfolgten den stets im Auge behaltenen Geheimdienst-
auftrag mit zielstrebiger Energie.

Josef Dahmen mit präzisen und überlegten Profilierungen als unauffälliger Kriminalinspektor und Ella Büchi, aufgeschlossen und mit differenzierten Tönen, als die Krankenschwester Monika Stettner, deren tragisches Schicksal sich in einer einzigen Szene
erfüllt, spielten glaubhaft die wichtigsten Episodenrollen.

Das betont zweckmäßige Bühnenbild hatte Karl Gröning entworfen.

Die Aufführung — der erste Schauspielhausabend der neuen Saison, zu dem man un-
eingeschränkt ja sagen kann — fand die spontane Zustimmung des sichtlich beeindruck-
ten Premierenpublikums."

Von *Christian Ferber* stammt eine weitere Beschreibung der Hamburger Inszenierung
(‚Die Welt‘, 1. 10. 1962): „[...] Regie hatte Ulrich Erfurth. Er inszenierte und arran-
gierte sehr übersichtlich, klar, simpel. Zu Anfang müßte das Tempo noch gesteigert wer-

den: Dürrenmatts schwarzer, praktischer Humor ist hier schneller (ein paarmal auch platter) als die Schauspieler. Mit den beiden schwachen Partien des starken Stücks wurde Erfurth nicht fertig. Im ersten Akt der Besuch von Möbius ehemaliger Frau mit Missionarsgatten und Kindern: das war (mit Elisabeth Goebel und Hans Ulrich) nicht mehr als ein dritter Aufguß der 'Toten Tante'; es hätte, besetzt mit einer mütterlich-starken Person, ein ganzes Schicksal in der Nußschale sein können. Im zweiten Akt die Physikerkonferenz mit Entsagungsbeschluß: sie blieb so flächig-verschwommen wie der deklamatorische Text dieser Partie.

Das lag gewiß auch an Heinz Reincke. Offen gestanden, er hat mir vor Jahr und Tag als Kernphysiker in Zuckmayers schwachem Stück besser gefallen; der idealistische Ver-räter lag ihm. Diesmal glaubt man ihm gewiß das sanfttörichte, eingleisige Genie, doch der Mann, der die Folgen seiner Gedanken erkennt und entsetzliche Konsequenzen zieht: das war mit den zwei Ausdrucksformen eines sympathischen, leisen, verwirrten Mannes und eines zornroten Schreiers nicht zu bewältigen. Dürrenmatts Dämonen ließ er im Souffleurkasten. Doch sein Schlußwort vom armen König Salomon: herrlich.

Noch weniger Gebrauch vom ungedruckten Höllentext zwischen den Zeilen machte 'Einstein', Ullrich Haupt — mit Gemüt und vorzüglicher Maske. Den gläsernen Ton des grausen Witzes schlug aber voll und doch tödlich sanft 'Newton' an, Richard Münch. Er bringt beides exzellent auf Grönings angemessen vergammelte Szene: Schauder und den Druck des Gelächters.

Buchenswert (neben dem hübschen Komödien-Beiwerk Ilse Ballys, Josef Dahmens und Benno Gellenbecks) die Leistung der Ella Büchi: sozusagen direkt aus dem Stand eine große, süße Liebesszene, ganz Natur, ganz Wiesenduft, ganz sie selbst. Der Zu-schauer trauert, als sie abgewürgt wird.

Und endlich und erstens und letztens: den Zuschauer graust es, hebt es vom Stuhl vor der buckligen, dekadenten, klirrenden alten Jungfer Mathilde von Zahnd: Elisabeth Flickenschildt. Wie sie zu Beginn zart den nackten Wahnwitz mit dem Hauch, mit knapp eckiger Bewegung, mit dem vieltönigen Wortstakkato vorskizziert, wie sie sich mit Hintersinn und tödlichem Scharfsinn auf die triumphale Katastrophe zubewegt, wie sie am Ende den Wahnwitz des Erdkreises herausschreit — und Eiswind fegt von der Bühne ins Parkett: dies, in der Tat, ist Kernphysik der komödiantischen Kunst und ver-wirklicht sich nicht jedes Jahr auf den Brettern.“

Am gleichen Tag äußert sich *Hildegard Budach* (‚Hamburger Echo‘, 1. 10. 1962) fast ent-gegengesetzt: „[…] Die mit hoher Spannung begonnene Hamburger Erstaufführung der ‚Physiker‘ enttäuschte in Karl Grönings ansprechendem Bühnenbild vor allem im er-sten Teil. Ulrich Erfurth hat seiner Inszenierung über weite Strecken die notwendige hintergründige Dämonie des geradezu genüßlich doppelzüngigen Autors vorenthalten. Erst die Enthüllungen im zweiten Teil bekamen Gewicht — wurden dadurch jedoch mehr plakathaft als komödiantisch wirksam. In Elisabeth Flickenschildt hat die Auffüh-rung eine Irrenärztin, die der Rolle mehr gewollte Beiläufigkeit als innere Spannung gab. Von den Physikern erfüllten Richard Münch und Ullrich Haupt ihre vornehmlich kaba-rettistischen Aufgaben ausgezeichnet, während Heinz Reincke seinen schwierigeren Mö-bius zu sehr durch Stimmaufwand rechtfertigen wollte. Ein kleines Kabinettstück der Komödienkunst war der Auftritt Elisabeth Goebels als ehemalige Frau Möbius. Ella Büchi, Ilse Bally und besonders Josef Dahmen verhalfen Dürrenmatts Handlungsorna-menten zu guter Wirkung.

Nach dem demonstrativen Szenenapplaus für Reinckes Anti-Atom-Tod-Thesen gab es am Schluß herzlichen Beifall für alle Beteiligten.“

31

Die Berliner Aufführung läßt sich zweimal beschreiben. *Walther Karsch* (‚Der Tagesspiegel‘, 10. 10. 1962): „[...] Hans Lietzau hat auf der von Helmut Koniarsky hübsch muffig eingerichteten Bühne diesen Dürrenmatt streckenweise gegen Dürrenmatt zu inszenieren versucht. Er wollte aus der Mischung von Spaß, Quatsch und Leitartikel so etwas Ähnliches wie engagiertes Theater machen.

[...] Lietzaus Plan mußte mißlingen, sein Bemühen, die Moral von der Geschichte zu geben, stieß sich alle Augenblicke an dem kabarettistischen Jux, mit dem Dürrenmatt seine Geschichte aufgezäumt hat, und versackte dann in der Langeweile eines undramatischen Gesprächs, wo Dürrenmatt die drei Physiker Phrasen reden läßt.

Trotzdem war es eine brillante Aufführung. Erich Schellow spielte seinen Möbius an den Rand des Tragischen heran. Er setzte das Irresein nicht auf, er gab es ganz natürlich. Daß er nicht ins Tragische gelangen konnte, lag allerdings an Dürrenmatt. Seine Liebesszene mit der Krankenschwester Monika, der Gisela Stein einen hübschen Zug von selbstverständlicher Hingabebereitschaft gab, hätte von Giraudoux sein können; so zart, so schwebend und doch herzhaft war das. Wie er die Diskussion mit den beiden Kollegen führte, das hatte die Kraft der Redlichkeit und der Beredsamkeit, füllte Dürrenmatts Phraseologie mit Fleisch und mußte doch im Leeren enden. Alfred Schieske war als angeblicher Newton höchst belustigend in seiner gravitätischen Würde. Als er sich zu erkennen gab, rutschte ihm allerdings der Geheimagent in die Bezirke von Edgar Wallace aus (was zum Teil auch wieder Dürrenmatts Schuld ist). Leonard Steckel hat Figur und Haltung von Einstein, und er geht so sparsam damit um, daß man ihm viel mehr als Schieske die Verkleidung abnimmt und ihm auch glaubt, daß er sich bedingungslos einem politischen System verschrieben hat.

Berta Drews ist die Irrenärztin. Sie bringt dafür viel mit: das Verkorkste, Verquetschte, das Bösartige, das Lauernde. Den Triumph über die armen, vernünftigen Irren spielt sie dann aber zu robust, das Gespenstische der Figur, das Irre der ausgebrannten Jungfer trifft sie nicht, da ist sie blutvoll, zu sehr Mannweib.

[...] Das Stück, das er hätte schreiben können, ist Dürrenmatt uns schuldig geblieben. Die Inszenierung, die Lietzau abgeliefert hat, sollte das Fehlende offenbar dazugeben. Was nicht gelang. Im Gegenteil, die Schwächen wurden nur noch deutlicher. Das Publikum war vom Stück und von der Inszenierung offenbar sehr angetan, denn es umjubelte am Ende alle Darsteller, den Autor, den Regisseur und den Bühnenbildner.“

Hermann Wanderscheck (‚Hamburger Abendblatt‘, 11. 10. 1962): „[...] Im Schloßparktheater ging es bei Dürrenmatts ‚Physikern‘ um so beklemmender zu. Zwar hatte Hans Lietzau das Stück um Macht und Moral der Physiker sehr sachlich als intellektuelles Abenteuer inszeniert und eine intensivere Dämonisierung des zweiten Aktes ausgespart. Die drei Darsteller der Physiker aber rückten das zwischen Farce und Tragödie schwankende Grusical in existentielle Hochspannung.

Erich Schellow vor allem als der von den Agenten zweier feindlicher Großmächte verfolgte Physiker Möbius, für den es Freiheit und damit Rettung der Menschheit vor Vernichtung nur im Irrenhaus gibt, riß das Spannungsfeld zwischen Wissenschaft und Weltzerstörung mit rhetorischer Kraft auf. Leonard Steckel gab den Einstein in frappierender Porträtähnlichkeit, Alfred Schieske spielte in vollblütig-komödiantischer Art den Newton, ohne die Hintergründigkeit der Figur dabei zu verlieren. Eine schwächere Leistung sah man von Berta Drews als Irrenärztin. Die doppeldeutige Gefährlichkeit dieser machtgierigen Jungfrau mit schiefen Schultern kam nur andeutungsweise heraus. Mit Gisela Stein als Krankenschwester Monika, Lu Säuberlich als Oberschwester und Claus Hofer als Kriminalinspektor waren die übrigen Rollen annähernd gut besetzt. [...]“

Die Frankfurter Inszenierung soll ebenfalls doppelt skizziert werden. *Willy H. Thiem* (‚Frankfurter Abendpost‘, 5. 11. 1962): „[...] Harry Buckwitz hat in seinem Umgang mit den Physikern zwei grundsätzliche Fehler gemacht.

Er hat versucht, die einzelnen thematischen Bögen des Stückes ins Exemplarische herüber zu nehmen, botschaftsbetont.

Er hat das unterlegte Schema verlassen.

An diesem Abend erwies sich, wie verhängnisvoll ein falsches Bühnenbildkonzept, schon rein vom Grundriß her, sein kann.

Franz Mertz hat die Irrenanstalt, in der die drei Physiker sich befinden, zweistöckig gebaut. Die drei Türen zu den Krankenzimmern liegen im ersten Stock.

Das sieht, wenn man das Stück bereits siebenmal gesehen hat, auf den ersten Anhieb ganz reizvoll aus, gibt sich als eine geschickte Ausnutzung der Börsensaalbühne.

Nach ein paar Spielminuten merkt man dann: grundfalsch. Stückentscheidende Dinge werden unmöglich. Während des reinen Spielablaufs sind diese — selbstverschuldeten — Schwierigkeiten noch zu kaschieren. Beim Stückschluß geht der Dürrenmatt-Effekt zum Teufel.

Die Vision der Irrenärztin Mathilde von Zahnd muß vom Parterre in den ersten Stock hochgespielt werden. Und die drei Physiker müssen — nach einem Abend gespielten Irrsinns — in den tragischen Wahn fallen, ohne Rückhalt, der Situationsgrund ist ihnen entzogen.

Die Schauspieler agieren in Richtung seriös, kühl an den Pointen vorbei, sind angehalten, das böse Groteske, mit dem Dürrenmatt so vollendet zu jonglieren vermag, zu meiden. Ein gewisser Stilmodus wird bestimmend, die Sentiments werden bewußt als Künstlichkeit gesetzt. Dürrenmatt hat sie in ihre tragische Lächerlichkeit kontrastiert. Buckwitz mußte, der unterlegten Tendenz ins Exemplarische folgend, in die Formalität ‘verfremden’ — wenn das oft geschändete Wort hier, der beschreibenden Kürze halber, als Behelf gelten darf.

Dadurch geht, auf den Gesamteindruck gesehen, viel von der spontanen, frischen Lebendigkeit, von der Farbigkeit des Textes verloren.

Das Physiker-Spiel wird eigenartig dumpf.

Teege als Einstein tendiert ins Atmosphärische, in die verdichtet stille Wirkung. Caninenberg als Möbius treibt die Tendenz eher ins Abstrakte der entscheidenden Gewissensfragen hoch, die ihn, als Figur, bewegen. Zeidler als Newton agiert als gedämpfter Charakterspieler.

Die Frauen neigen bewußt ins Formelle. Marianne Lochert als Krankenschwester spielt weniger eine Individualität; sie ist als Figur einem dramaturgischen Trick dienstbar, sie muß Möbius den Mordaspekt und dem Stück ein Argument liefern. Rosemarie Gerstenberg verfeinert die in der Charge angesetzten Darstellungsmittel auf eine höchst präzise Weise in den von Buckwitz gewählten Stilmodus — und sie kommt logischerweise von da her nicht dem Schluß, ihrer großen Machtvision, auf die Spur. Kurz gesagt: Eine gewisse Bedrohlichkeit, verstockt altjüngferlich, sitzt anfänglich, ist aber für den Schluß einfach nicht groß genug.

Kutschera spielt den Kriminalkommissar dezent. Anita Mey als Frau Missionar Rose findet instinktsicher einen Kompromiß für die Erfordernisse ihrer Rolle; der bittere Hintergrund des Spießbürgerlichen entlarvt sich hier sehr im Dürrenmattschen Sinne.

Man hatte es sich, entscheidende Denkfehler voraussetzend, schwerer gemacht, als es ist. Unterströmig blieb die Vermutung, Buckwitz, der sich so tapfer an den mißglückten ‚Frank V.‘ gehalten hatte, habe nicht die richtige Vertrauensbasis zu den ‚Physikern‘ finden können.

Dürrenmatt ist ein Autor, der Unbefangenheit braucht. Man muß ihn spontan wollen.

Im Börsensaal am Freitagabend wurde man das Gefühl nicht los, Buckwitz habe Vorwürfe, die in der seitherigen kritischen Resonanz auf das Stück laut geworden sind, auffangen und aus dem Wege räumen wollen.

Das Publikum folgte gespannt und bedankte alle Mitwirkenden zum Schluß mit lang-anhaltend herzlichem Beifall".

Die ‚*Frankfurter Allgemeine Zeitung*‘ (gr) schreibt (5. 11. 1962): „[...] Was die Frankfurter Aufführung wichtig macht, ist die Erfahrung, daß Schauspieler (über die exzeptionelle Züricher Besetzung hinaus, die fast auch die Münchner war) imstande sind, sich diese neuen, zusammengesetzten Rollen schnell zu gewinnen. Joachim Teege als Einstein: zart, schlank, dünnwandig, beladen mit dem grauen Hängehaar Einsteins, schwer, müde in Augen und Bewegung. Hervorkriechend aus der Tür, mit den Augen, in denen das Weiße aufblitzt, eine Spannung verratend, die der Körper verleugnet. Zupft wie verlegen zwei Töne auf der Geige und sagt dann ganz schwach ‚Ich bin eben aufgewacht‘; als käme er, dieser überwache Laurer, eben aus dem Grabe Einsteins und kehre hilflos in die Welt zurück. Ein horchender Wiedergänger, ein Frager, der schnell wieder verschwindet, aber von Auftritt zu Auftritt mehr Leben gewinnt. Wie eine Warnfigur erscheint er im Liebesdialog des Möbius mit der Krankenschwester (Marianne Lochert), hebt seine spindeldürren Finger ins Licht, mit denen er eine Schwester erwürgte, wie ein Mordgerät, abartiges, surreal abgelöstes Glied an seinem Leib. Hände, die später doch so schnell den Revolver gegen den Newton ziehen. Teege bringt mit der Maske den verlorenen Blick Einsteins mit, die müde 20.-Jahrhundert-Gebärde. Sie ist hier scharf abgehoben von dem ästhetisch getönten, eitlen Zeremoniengestus des Hans Dieter Zeidler, der dem Newton höfisch barocke Gestalt gibt. Ein Darsteller, der leise geworden ist, endlich ganz beschränkt auf das Nötige, leicht, trotz seiner Körperfülle, und nun diesen Widerspruch so lange zu zarter Komik benutzt, bis er die Maske aufgibt, bis unter der Barockperücke der massive Agent erscheint, direkt, und so fordernd im Ton, daß Möbius erstarrt und seine Maske fallen läßt. Ist Hans Caninenberg der Möbius, der die gefährlichen Formeln entdeckte? Ist er ein Bruder des Ödipus, der flieht, um doch zu scheitern? Caninenberg entwickelt eine Reihe von Ausdrucksformen, die aufeinander verweisen. Ein leiser Mensch, ein konzentrierter, ein ernster, ein moralischer Mensch, der sich zum ‘Spielen’, zur Maskerade zwingen muß, der leise Verwirrung besser hervorbringt (als seine geschiedene Frau ihn besucht) als den lauten Exzeß, mit dem er droben auf der Brüstung den schaurigen Psalm vom verglühten Weltraumfahrer singen muß, mit dem er seine Frau und seine Kinder von sich treibt. Ein scharfer Moralist, der die Prämissen seines Handelns präzis und beschwörend akzentuiert.

Buckwitz hat diese Darsteller frei gemacht von ihren Eigenheiten. Man spürt, wie er sie in die Vielschichtigkeit der Rollen hineinlenkt. Damit verändert er sie. Allein die Verwandlung der Rosemarie Gerstenberg ist eine Bravour. Sie spielt die Ärztin von Zahnd als eine verhärtete Frau, vermännlicht in Haltung und Schritt, Enttäuschung in den fallenden Tönen, nicht ohne Reste von Freundlichkeit, leicht verklemmt, in der Burschikosität einzelner Posen künftige Enthemmung andeutend. Ein Mensch, dessen Gehen die Sprache, dessen Sprache die Seele erklärt, eine Frau, die ausbricht und am Ende, im Triumph, daß sie die Geheimnisse an sich gebracht hat, die Hexe aus sich entläßt. Ein furioser Auftritt böser Freude, der die Figuren der Physiker wie überflüssig gewordene Puppen aus dem Spiel fegt. Der schreckliche Moment ist da ausgespielt, in dem Komödie und Tragödie zusammenfallen und sich Dürrenmatts Satz erfüllt, daß die Kunst nur noch bis zu den Opfern vordringt. Der Abgang der Physiker ist ein Abgang von Puppen, am eindrucksvollsten wieder in Teeges armselig gewordenem Einstein.

Für den Regisseur Buckwitz ist diese Inszenierung ein wichtiger Schritt zu künftiger Konzentration. Er, der bei Brecht Entfaltung gelernt hat, spielt auch dieses Stück noch breiter, er hebt die 'Mahnworte' noch direkter heraus als nötig. Aber er skandiert richtig, er spielt hinter den Gebärden der Komödie das tragische Geschick unserer Welt mit, er gliedert die drei Stufen der Handlung als Stufen des Erschreckens. Er stimuliert feinsinnig den schönen Auftritt von Möbius' Frau mit den Kindern (die vortreffliche Anita Mey) und hätte nur die Spielbewegung der Kinder zu kappen. (Ein Rest seines früheren ,aufgesetzten' Stils.) Es ist dies die erste geschlossene Leistung der Frankfurter Saison. Viel und kräftiger Beifall".

Eine Art von Kontrastaufführung war die *Düsseldorfer* im Frühjahr 1963. Über sie schreibt *Stefanie Zweig* (,Frankfurter Abendpost', 21. 5. 1963): „[...] Otto Rouvel als Newton zeigt einen Zug ins Komödiantische, ins Unpräzise. Er hat einen Hang zur Verkleinerung, zum leisen Sprechen und verschenkt die Satire, die Dürrenmatt der bitteren Wahrheit gibt. Zu gefällig dargeboten, wird das Problem von der Ohnmacht der Wissenschaft auf ein Nebengleis geschoben und erst kurz vor Schluß und zu spät gerettet.

Dem Möbius gibt Werner Dahms einen zögernden Hamlet-Zug. Er macht das ermüdete Genie auf der Flucht vor der Erkenntnis wohl sichtbar, aber verfällt ins Deklamatorische. Seinen großen Moment hat er, wenn er von der Vernunft die Narrenkarte fordert.

Am prägnantesten ist Karl Maria Schley als Patient Einstein, der dem gespielten Wahnsinn enge Grenzen zieht und der zeigt, worauf es ankommt in dieser zerfressenen Welt, die längst aus den Fugen geraten ist — nämlich auf nichts, auf nichts mehr jedenfalls. Schley hält die Spannung auf eine resolute Weise, ohne in oberflächliche, naheliegende Belustigung zu fallen.

Der Abend gehört der Mathilde von Zahnd, an der Elisabeth Flickenschildt den ganzen Dürrenmatt demonstriert, der es hätte sein können. Anfangs würde man es gar nicht denken. Sie verschleppt das Tempo, scheint hastig und zerfahren, auf unbestimmte Art zerquält, aber von diesem Ansatz her erspielt sie sich den Wahnsinn, heiser und konsequent und berechnend, mit kalten Schauern des Entsetzens, weil der verrückten Irrenärztin die Welt und das Wissen schließlich zufallen.

Im Ensemble hat Stroux sehr genaue Töne gesetzt. Nur Evelyn Balser ist eine Spur zu hart in der Liebesszene mit Möbius. Durchdacht dafür Gerda Maurus in ihren kurzen Auftritten als Oberschwester, sehr plausibel Arthur Mentz als Kriminalinspektor, der die Umkehrung aller Normen zutage fördert, und bestechend trocken Alf Pankarter als Missionar Rose.

Die Schlußerkenntnis des Stücks, daß das Irrenhaus besser ist als jedes Risiko und als das Gefängnis der freien Welt hat Stroux so klar herausgearbeitet, daß mit mancher Disharmonie versöhnt wird. Der gute Dürrenmatt erweist sich dann. Mag manches nicht zum besten stehen, zum Treffenden führen viele Wege.

Das Publikum verfolgte den Abend mit intensiver Aufmerksamkeit und klatschte die Hauptdarsteller noch zum eisernen Vorhang mit Bravorufen hinaus. Die Ovationen galten zu Recht auch Stroux."

Auch *Eo Plunien* (,Die Welt', 7. 6. 1963) sah die Aufführung: „[...] In Düsseldorf hat man lange auf ,Die Physiker' warten müssen; vielleicht weil Karlheinz Stroux selber so lange auf seine Gast-Irrenärztin Elisabeth Flickenschildt warten mußte; vielleicht aber auch, weil er einfach keine Eile hatte mit diesem Stück, zu dem er offenbar kein gutes Verhältnis hat. Nun brachte er es als letzte Inszenierung zum Saisonschluß heraus; es wurde kein besonders eindrucksvolles Finale.

Dürrenmatt wurde einmal gefragt, welche Reaktion des Publikums auf seine Stücke er sich am meisten wünsche; ohne lange nachzudenken, antwortete er: ‚Erschrecken! 5 Das ist heute die einzige Form von Ergriffenheit.‘ Nun, dieser Wunsch wurde ihm in Düsseldorf ganz und gar nicht erfüllt. Von Erschrecken war da keine Spur.

Wäre dies allein eine subjektive Empfindung des Rezensenten, so könnte man sagen: es liegt am Stück, das nach mehrmaligem Sehen mehr und mehr an Wirkung und Zündkraft verliert. Zweifellos spielt auch diese nicht zu leugnende Tatsache mit eine Rolle. 10 Aber hier lag es doch wohl hauptsächlich an der Regie. Stroux nahm den Dürrenmatt ernst und tat ihm damit einen schlechten Gefallen. Schlimm genug, daß dieser sich im zweiten Teil des Stückes selber plötzlich ernst nimmt, die groteske Satyrmaske fallen läßt und den biederen Moralisten hervorkehrt, der mit trockenen Argumenten und papierenen Klischees die Lacher erstickt. 15

Stroux ließ bereits den ersten Akt auf den zweiten hin spielen, und die ganze Inszenierung hielt sich auf einer wenig bewegten, mittleren Linie, ohne Höhepunkte, ohne Spannung, ohne jeden Effekt, trocken und stumpf. Alle komödiantischen Möglichkeiten wurden verschenkt, todsichere Effekte verschmäht, ausgetreten wie ein glimmender Zigarrenrest. Damit war das Stück um sein Bestes gebracht. Um seine gespenstische Komik, 20 um seinen haarsträubenden Witz.

Es wurde kaum gelacht in dieser Aufführung. Statt sich mit Schaudern und Gänsehaut dem gruseligen Vergnügen hinzugeben (in dessen Hintergrund ohnehin ein erschreckender Ernst lauert), lauschte man leicht gelangweilt der ernsten Mahnung eines Atomgegners. 25

Nicht einmal der possenhafte Auftritt der Missionarsfamilie brachte Farbe in das Einerlei; sie ging grau in grau vorüber, betulich, ausgespielt, ohne Lacher. Einigermaßen befremdet vernimmt man, daß die beiden Physiker sich für Newton (Otto Rouvel) und Einstein (K. M. Schley) halten. Wem wollen sie das erzählen? Man glaubt ihnen weder, daß sie wahnsinnig noch daß sie Physiker, am wenigsten, daß sie Agenten gefürchteter 30 Geheimdienste sind. Es sind gemütliche Figuren aus einem etwas rätselhaften Kammerspiel, ohne Kontur und Kontrastschärfe, ohne Dämonie und ohne den leisesten Hauch von Gefährlichkeit.

Für Spione ihres vorgeblichen Formats und Auftrags lassen sie sich viel zu leicht umstimmen — zumal man nicht behaupten kann, daß Werner Dahms (als Möbius), um sie 35 umzustimmen, Proben besonderer Eloquenz und leidenschaftlichen Eifers liefert.

Auch Elisabeth Flickenschildt unterspielte im Sinne der Inszenierung ihre großartige Rolle; man weiß, daß sie härter konturieren, hintergründiger schattieren kann. Hier teilten sich weder die monströse Bosheit und Gefährlichkeit noch der unheimliche Wahnsinn dieses gespenstischen ‚Endprodukts einer Degenerationskette‘ mit der not- 40 wendigen Faszinationskraft mit."

3.4. Ausländische Inszenierungen
‚Die Physiker‘ haben Weltruhm erlangt. Das Stück wurde an über 40 Weltbühnen aufgeführt, u. a. in New York, London, Wien, Turin, Paris. Von einigen dieser Inszenierungen soll hier berichtet werden. 45

Die *Londoner Aufführung* fand bereits im Januar 1963 statt. Der berühmte englische Regisseur Peter Brook inszenierte die Komödie am Aldwych-Theater mit hervorragenden Schauspielern. *Alex Natan* schreibt darüber (‚Die Bühne‘ 1963, März, S. 19):

36

„[...] Dürrenmatts Stück hat der englischen Presse jeden Anlaß gegeben, sich über die Absichten und Aufgaben des modernen, zeitgenössischen Dramas auszulassen. ,Die Physiker' sind ein großer Erfolg geworden, der deswegen überraschend kam, weil sowohl ,Die Ehe des Herrn Mississippi' wie der ,Besuch der alten Dame' in London keinen Erfolg erzielen konnten. Peter Brooks einfallsreiche Inszenierung und die hervorragende Besetzung haben sicher das Ihre zu diesem großen Erfolg beigetragen. Aber die wirklichen Gründe gehen wesentlich tiefer. In einem Lande, in dem ein nicht unwesentlicher Teil der Bevölkerung ständig gegen jegliche Art von Atombewaffnung demonstriert, fällt Dürrenmatts 'Botschaft' auf fruchtbaren Boden: Die Naturwissenschaften haben gelernt, wie sie die Menschheit zerstören können, und falls ihnen nicht ein entschiedenes Halt geboten wird, werden sie es wohl auch eines Tages tun. Dürrenmatt läßt in einer hervorragenden englischen Übertragung keinen Zweifel daran, daß wir wohl daran täten, uns dieses Stück, wenn auch nicht zu Herzen, so doch zu Gehirn zu nehmen, um unser aller Ausrottung zu verhindern. Was ich allerdings bereits anläßlich der Züricher Aufführung empfunden habe, bestätigt die Londoner Aufführung: ,Die Physiker' besitzen nicht genügend ernste Durchschlagskraft, um so überzeugend zu wirken, wie sie es eigentlich sollten. Daran trägt Dürrenmatt selbst die Schuld, der mehr einen spannenden 'thriller' als ein aufwühlendes Drama für unsere Zeit geschrieben hat. Das Stück ist schlecht konstruiert und der letzte Akt besonders schludrig hingehauen. Man möchte Dürrenmatt die Einsicht wünschen, weniger, aber mit größerer Verantwortlichkeit zu arbeiten. Er hat heute einen Platz in der Sonne zeitgenössischer Dramatik erreicht, der es ihm gestatten sollte, die vielfachen Versuchungen von Funk und Fernsehen abzulehnen. [...]"
In der englischen Fachzeitschrift ,plays und players' (März 1963, S. 45) meint *J. R. Taylor:* „[...] Es ist, kurz gesagt, Unterhaltung auf dem Theater, nicht mehr und nicht weniger, neckend, leicht und sehr raffiniert zusammengesetzt zu einem intellektuellen Hokuspokus. Peter Brooks Inszenierung faßt es entsprechend auf — sie ist schnell, witzig und zeitlich haarscharf abgestimmt. Auch die Darstellung ist leicht und ungezwungen; Cyril Cusack gelingt der Möbius als ein Mann von Prinzipien, ohne ihn zum Pedanten oder Trottel werden zu lassen. Michael Hordern und Alan Webb als Geheimagenten spielen mit unterkühlter Komik. Irene Worth gibt eine sehr reizvolle Darstellung in einer Rolle, die nichts anderes als auffällig sein kann, und das Ergebnis ist recht akzeptabel." (Deutsch von P. C. Plett)

Auch *Dürrenmatt* selbst sah die Londoner Inszenierung und hat sich im Gespräch mit Martin Esslin (auf englisch) zu ihr geäußert (,plays und players', 1963, März S. 15): „[...] ,Es ist merkwürdig', antwortete er, ,ich hatte gedacht, daß englische Schauspieler viel stärker unterspielen würden als deutsche oder Schweizer. Aber keinesfalls. Es gibt Passagen, bei denen das deutsche Ensemble stärker aufträgt, bei anderen Passagen ist das englische Ensemble leidenschaftlicher und ausdrucksstärker. In einer der besten deutschen Inszenierungen zum Beispiel macht die wahnsinnige Ärztin ihre Enthüllungen am Ende des Stückes ruhig auf einem Sofa sitzend mit leiser Stimme und ohne Nachdruck. Das gab der Aufführung einen wundervoll verrückten Effekt. Peter Brooks Inszenierung ist sehr bewegt und lautstark. Die Londoner Aufführung ist außerdem die erste, die ich sah, die sich nicht an die Bühneneinrichtung hält, wie ich sie in den Anweisungen beschrieben habe.' [...]" (Deutsch von P. C. Plett)

Waren ,Die Physiker' in London ein Erfolg, so kamen sie in New York nur mäßig an, obwohl (oder weil?) auch hier Peter Brook inszenierte. *Gerard Willem van Loon* schreibt darüber (,Die Bühne' 1964, Dezember, Heft 75, S. 26):

„Es kann nicht oft genug betont werden, daß England und Amerika zwar eine gemeinsame Sprache, aber gänzlich verschiedene und für jedes Land bezeichnende Spracheigenheiten haben. Jeder europäische Bühnenautor, dessen Stücke in London aufgeführt und von dort aus auch für New York gewonnen werden, sollte darauf bestehen, daß eine von Grund auf neue amerikanische Übersetzung hergestellt werde.   5

Man nehme ,Die Physiker' von Friedrich Dürrenmatt: Ein raffiniert-fesselndes Ideenstück, welches drei Schauspielern und einer Schauspielerin Bravourrollen bietet. Am Broadway gut, teilweise sogar glänzend besetzt. Die Regie von Peter Brook (der auch in London dafür zeichnete) etwas sehr 'gekonnt'. Das Bühnenbild John Burys (auch aus London) etwas zu kahl. Die Schauspieler treten auf, fangen an zu sprechen, und das sensible Ohr horcht auf. Denn die für London geschaffene Übersetzung James Kirkups ist   10
zwar ausgezeichnet, aber idiomatische britische Redewendungen stellen zwischen Herrn Dürrenmatt und sein amerikanisches Publikum eine beinahe unbewußte, völlig unnötige psychologische Hürde auf. Deshalb — wenn nicht nur deshalb — hat das Stück am Broadway einen Teil seiner Wirkung eingebüßt. Der englische Schauspieler Robert   15
Shaw verlieh dem Möbius menschlich packende Dimension. Großartig in der Maske war der ehemalige tschechische Schauspieler George Voskovec als Ernesti (Einstein). Wunderbar subtil — Hume Cronyn als Beutler (Newton). In der Erscheinung unglaublich echt, in der Rolle ungenügend nuanciert Jettica Tandy als Fräulein Doktor von Zahnd. (Um die Kasse zu füllen, hatte es sich der hiesige Producer leider erlaubt, völlig irre-   20
führende und geschmacklose Zeitungsinserate aufzugeben, die beim eigentlichen Theaterpublikum nur eine gegenteilige Wirkung erzielen konnten.) Einer, der das Stück in der Originalsprache nicht erlebt hat, kann nur vermuten, daß in einer weniger imposanten Inszenierung (Off-Broadway?) und in einer anderen Übersetzung andere Werte zum Vorschein hätten gebracht werden können. [...]"   25

Hans Sahl befaßt sich ebenfalls mit dieser Enttäuschung (,Die Welt', 4. 12. 1964): „[...] Zwei Stücke, auf die man viel gesetzt hatte, konnten es nur zu Achtungserfolgen bringen: Dürrenmatts ,Physiker' und das neue Bühnenwerk der Negerdichterin Lorraine Hansberry ,The Sign in Sidney Brustein's Window'. In beiden Fällen war die Aufnahme geteilt, aber die Diskussion ist noch nicht abgeschlossen. Dürrenmatts Stück erregte Auf-   30
sehen, obwohl man nicht recht wußte, was man damit anfangen sollte. Eine Farce? Ein Stück des absurden Theaters? Eine Botschaft an die Menschheit?

Harold Taubmann (,New York Times') und Walter Kerr (,Herald Tribune') machten wenigstens den Versuch, sich mit der Problematik des Stückes auseinanderzusetzen. ,Time'-Magazine und ,New Yorker' waren verärgert: man spielt nicht mit der Atom-   35
bombe, wenn man keine Antwort weiß. Aber kann nicht in der Frage bereits die Antwort enthalten sein? Sie steht in den letzten Zeilen von Dürrenmatts Stück, die in New York fast ganz überhört wurden: ,Was einmal gedacht wurde, kann nicht wieder zurückgenommen werden.'

Der Regisseur Peter Brook läßt das Stück nicht im Schweizer Milieu spielen, sondern   40
in einem Niemandsland, in dem die für die ermordeten Krankenschwestern diensttuenden Pfleger richtige Athleten und Jongleure sind, die einander Tische und Stühle mit verblüffender Präzision zuwerfen.

Hume Cronin als Newton, George Voscovez als Einstein und George Shaw als Möbius spielen ihr gespieltes Irresein mit einer Freude an der sprachlichen Pointe, die   45
Dürrenmatts Text vorbildlich zur Geltung bringt. Jessica Tandy, einst die Blanche in Tennessee Williams' ,Endstation Sehnsucht', erreicht als Fräulein Doktor Mathilde von Zahnd zwar nicht die hintergründige Dämonie, mit der Therese Giehse diese Figur aus-

stattete, aber ihr Mut zur körperlichen Deformation macht sich bezahlt: sie spielt den Buckel, den sie sich zugelegt hat, ‚als wär's ein Stück von ihr'. [...]"

4. Kritik und Wissenschaft über das Stück

4.1. Theaterkritiken

Viele Theaterkritiken — zumal die zur Uraufführung — enthalten eine ausführliche Auseinandersetzung mit dem Stück selbst. Dabei wird zunächst die Handlung oder Fabel
5 referiert, dann folgen häufig Hinweise auf mehr oder weniger gelungene Partien und schließlich die sogenannte Würdigung. Die letzten beiden Teile sollen hier zusammengestellt werden. — Sie unterscheiden sich von den unter 4.2. gesammelten Stellungnahmen dadurch, daß sie lediglich, aufgrund einer Theatervorstellung (mit eventuell voraufgegangener Lektüre des Textes) abgegeben werden. Sie erheben somit nicht den
10 Anspruch einer wissenschaftlichen Untersuchung. Da Theaterkritiker nicht selten Fachwissenschaftler sind, haben ihre Äußerungen häufig den Rang wissenschaftlicher Stellungnahmen. (Der Abdruck erfolgt in der chronologischen Reihe des Erscheinens, so daß die Originalität der Idee nachprüfbar wird.)

Im Programmheft der Zürcher Uraufführung findet sich der erste Kommentar zum
15 Stück; also bereits vor der ersten Vorstellung. Dort schreibt *Jacob Steiner* (S. 11 f.): „[...] Die große Welt des Stückes, das heute die Uraufführung erlebt, ist die der Physiker, die es mit einer ebenso abstrakten und ungeheuerlichen Macht zu tun haben wie die alternde Claire. Ja, diese Macht ist insofern noch unheimlicher, als ihre technische Verwertung massenweise Leben vernichten oder physisch-biologisch pervertieren kann. Wir kennen
20 das seit zwölf Jahren (oder sollten es zur Kenntnis genommen haben) und ducken uns oder schließen die Augen vor der drohenden Gefahr einer umfassenden Katastrophe. Ein hochaktuelles Thema also. Ein moralisches Thema.

Die moralische Größe des Stückes aber liegt, wie bei Dürrenmatt immer, darin, daß es keine generellen Lösungen der Probleme verkündet. ‚Wer so aus dem letzten Loch
25 pfeift wie wir alle, kann nur noch Komödien verstehen', sagt der große Romulus. ‚Die Physiker' spielen — der Ort ist nicht genannt — in einem Güllen, dessen voller Gehalt nur dem mit dem Schweizerdeutschen Vertrauten ganz aufgeht. Irrenhaus dagegen sollte jedem ernsthaften Zeitgenossen ein unmittelbar verständlicher Begriff unserer Zeit sein. Im Verlauf der beiden Akte erscheint tatsächlich jeder sich selber, den andern
30 Personen oder dem Publikum als Irrer: die drei Physiker zunächst durch die Konvention, daß jeder Insasse eines Irrenhauses auch psychisch krank sei; dann durch die Morde an den Krankenschwestern, verschärft dadurch, daß sie je im Zeitpunkt innigen Verständnisses zwischen Schwester und Patient erfolgen und mit den besten Erfahrungen der Psychiatrie nicht vorauszusehen waren; Beutler durch sein Auftreten als Newton, Ernesti
35 mit seinem Einsteinschen Geigenspiel und Möbius durch den wütenden Anfall, mit dem er Frau und Kinder verjagt. Das bucklige Fräulein Doktor von Zahnd, Psychiatrin von Weltruf und Leiterin von Les Cerisiers (welcher Name für ein Irrenhaus!), klagt nach dem dritten Mord über ihre Nerven, und noch gegen Schluß halten die drei Physiker sie für verrückt; sie behauptet bis zum Ende des Stückes, sie habe den goldenen König
40 Salomo gesehen. Kriminalinspektor Voß muß sich beurlauben lassen. Und verrückt erscheinen vor allem auch die Krankenschwestern, die sich in die irren Physiker verlieben, sich ihnen hingeben wollen, alles für sie aufopfern und buchstäblich ihre Opfer werden. Der Maßstab für Verrücktheit oder Nicht-Verrücktheit ist jedoch sehr relativ. Der Begriff des Genies und der des Normalen schließen sich aus. Und vollends gilt der als irr,

39

der seine besten Gedanken für sich behält, keinen Nutzen daraus zu ziehen sucht und sich in eine Nervenheilanstalt begibt. Aber das Fräulein Doktor, das es ja schließlich wissen muß, sagt: ‚Vernünftige Ideen, lieber Inspektor, äußern die drinnen weitaus häufiger als die draußen. Die draußen äußern meistens überhaupt keine Ideen.‘ Die Vorstellung des Normalen scheint sehr nahe bei der des simplen Broterwerbes und der kleinen materiellen Vorteile, des Kampfes mit dem Alltag, zu liegen. [...]"

Zwei Kritiker melden sich zwei Tage nach dem ersten Uraufführungstag am 23. 2. 1962 gleichzeitig zu Wort. *Friedrich Luft* schreibt (‚Die Welt‘): „[...] So schade, daß der große Ernst des Themas Dürrenmatts Groteske am Ende tötet. Bis zur Pause ist der Spaß perfekt. Später auch noch Passagen, wie er sie nur schreiben kann. Szenen von wahrhaft erschreckender Komik. Ernst, völlig verhängt von sichererem Ulk und Jux. Trotzdem scheint der Ernst, schimmert die Tragik deutlicher hindurch.

Dann aber fällt Dürrenmatt selbst in die Fallgruben der Zeit. Das große, wirre Gelächter, das er anstimmen wollte, erstirbt ihm selbst. Das so grandios ausgeworfene Stück Theater vermindert sich, weil Dürrenmatt den Mut zum letzten Übermut doch nicht findet. Das Satyrspiel, das so keck begonnene, schleift am Ende tragisch und direkt. Schade! [...]"

Joachim Kaiser äußert u. a. (‚Süddeutsche Zeitung‘): „[...] in der Tat hat Dürrenmatts Dramaturgie etwas 'Opernhaftes'. Man darf bei ihm nicht folgern: wenn (die Direktorin sich so und so verhalten hat) — dann (dürfte sie jetzt doch nicht) ..., sondern man muß die einzelnen Augenblicke des Stückes als Arien verstehen, die gleichmütig und unpedantisch verknüpft sind, von der Konzeption und dem erwünschten Effekt, nicht von kausaler Logik bestimmt. So wirkte der häufige Szenenbeifall auch wie ein Arienbeifall in Verdi-Opern.

Aber man darf bei alldem doch nicht verkennen, was mir die Hauptsache scheint: Das Atomproblem steht jenseits von ruhig vernünftiger, vernünftelnder Erwägung. Zu diesem Problem gibt es wohl nur leitartikelnde Banalitäten oder dem Irrsinn der Sache angemessene Exzentrizitäten. Man kann nicht darüber sprechen wie über eine ärgerliche, mit ökonomischen Argumenten widerlegbare Steuererhöhung. Das hat Dürrenmatt gespürt. [...]

Was jedoch die Auswirkungen physikalischer Erkenntnis betrifft (nicht etwa die Physik selbst, von ihr ist glücklicherweise kaum die Rede, es wird kein 'Forscher'-Drama, kein Robert-Koch-Film versucht), so scheinen banal irrwitzige Ängste und irrsinnige platte Konsequenzen dem Objekt kongruent. Gespielter Wahnsinn als Reflex des echten Wahnsinns; Mord als Indiz friedlicher Gesinnung; ein böses Ende als Ergebnis wahnsinniger Profitgier — das 'stimmt' zu diesem Thema, auch wenn es sich idiotisch ausnimmt. [...]

Natürlich wird es Leute geben, die es eigentlich nicht komisch finden können, daß Krankenschwestern systematisch der Hals umgedreht wird und die vor Dürrenmatts rüder Effektdramatik feinsinnig zurückschaudern (während sie sich an die Atombomben ganz gut gewöhnt haben). Ganz gewiß ist es auch kein ästhetisch befriedigender Trost, daß die Dramen gleichsam die Absurdität des Weltzustandes einholen müssen, um dem Weltzustande einigermaßen gewachsen zu sein. Aber muß ein Drama nicht — auf jede Gefahr des Mißlingens und der Geschmacklosigkeit hin — seine Möglichkeiten ausspielen? Dürrenmatts Atomstück ist, soviel ich sehe, weitergekommen als irgendein Atomstück vorher. Daß es trotzdem nur ein lustig-skurriles Zeitstück blieb, nur ein Versuch, nur eine Komödie für ein paar Jahre, sollte man ihm nicht vorwerfen. Denn es bezweifelt ja gerade jene ungestörte Ewigkeit, für die es in der Tat nicht geschrieben ist."

Dann endlich ergreift die große Dürrenmatt-Kennerin *Elisabeth Brock-Sulzer* das Wort (‚Frankfurter Allgemeine Zeitung‘, 26. 2. 1962): „[...] Der neue Dürrenmatt — der salopp abgekürzte Ausdruck stimmt auch, wenn wir ihn unsalopp nehmen. Dürrenmatt ist hier auf einem neuen Weg, und er ist an einem neuen Ziel angelangt. ‚Mein erstes
5 klassisches Stück‘ verhieß er. Einheit des Ortes, Einheit der Zeit, ganz wenige Hauptdarsteller, knappe Sprache, Theater in reinster Form — das hat er wirklich erreicht. Die Handlung des Stücks erfordert genau die Dauer seiner Aufführung. Der Ort der Handlung umschließt diese Handlung wie eine Haut. Noch das letzte Werkelement ist sichtbar bezogen auf das Thema. Wer hätte dem Berner solches zu prophezeien gewagt da-
10 mals, als er mit seinen apokalyptisch wilden, ausschweifenden ersten Werken sich dem Publikum auf der Bühne stellte? Wer hätte in dem jungen Dichter von damals, der es verschmähte, als ein Mann von Welt sich vor dem Publikum zu verneigen, und auch weder die äußeren noch die inneren Möglichkeiten besaß, sich als Mann von Welt zu gerieren, wer hätte in jenem jungen, wildvergnügten Genie den Mann voraussehen kön-
15 nen, der jetzt auf der Bühne stand, unauffällig ernst, eine unbewegliche Gestalt, dem das Publikum unaufhörlichen Applaus spendete und dem sich die ersten Künstler des deutschsprachigen Theaters zuwandten, um ihm ihrerseits applaudierend zu danken? Reglos stand er da, ein fester Pol, einer, der zu stehen vermag, zu stehen zu sich und zu seinem Werk, zu stehen auf der Bühne, wo Dichter einen schweren Stand haben.
20 In der Generalprobe des Werks verharrte man schweigend nach dem Fallen des Vorhangs — wahrscheinlich wäre solches Schweigen den ‚Physikern‘ angemessener. Aber unsere undifferenzierte Zeit kennt nun einmal das Schweigen als höchste Form des Beifalls kaum mehr. Das ist schade. Hier hätte man das Recht auf das Schweigen haben sollen.
25 Ich werde das Stück nicht erzählen. Denn eigentlich sollte man an es herangehen können mit allen Möglichkeiten der Überraschung. Ausgangspunkt ist ja der Kriminalstoff. Theatermittel ist die immer neu ansetzende Überraschung. Die ‚Physiker‘ sind in zwei Akten gebaut, die sehr oft auf dem Prinzip der Umkehrung rollen, die Pause fällt in die Mitte. Da wird also das Publikum in die Entspannung hinein entlassen an einem
30 Punkt, wo es noch nicht weiß, welchen Weg die Handlung nehmen wird — Anlaß genug, in die Irre zu gehen. Sollte man pausenlos spielen? Aber so regelgenau ist diese Komödie gebaut, daß eben die Pause auch eine Pause der Handlung ist: Es muß dem Kriminalkommissär die Zeit gelassen werden, wieder vorzufahren in der Irrenanstalt, die er vor knapp einer halben Stunde verlassen hatte — weg von einem Mord hin zu
35 einem Mord, der dem zweiten aufs Haar gleicht, wie sie beide aufs Haar einem Mord gleichen, der wenige Monate vorher geschehen ist. Drei irre Physiker, drei ermordete Krankenschwestern — das gleicht Dürrenmatt, hieß es, als man gerade nur das erst wußte von dem Stück. Das ist seine Häufung der stereotypen Effekte, das ist seine Zahlenmystik, das ist sein Griff ins volle Menschenleben, welches doch nur ein Grusel-
40 kabinett ist. Drei Morde — zuletzt ist es nur einer. Was dieser Mord bedeutet, das erklärt, erhellt sich erst in der stufenförmigen Wiederholung — Entwicklung ist ja nicht Dürrenmatts Rhythmus, er ist der Dichter des Schrittes, des groß gemessenen, abrupten Schrittes. Und wie hier ein und dasselbe Thema auf eigentlich kontrapunktische Art abgewandelt und angereichert wird, so wird das ganze Stück hindurch mit einigen wenigen
45 Themen variationsgleich gearbeitet, die Bezüge sind zahllos, nichts steht allein, nichts fällt aus dem Gewebe, alles ist folgerichtig.
Es gibt heute sicher kein Werk, das die ‚Physiker‘ an Sicherheit der Architektur überträfe. Ich kenne auch keines, das die ‚Physiker‘ heute darin erreichte. Man kann das Werk in seinem Bau ausdeuten wie einen französischen Klassiker, wie einen ‚Ödipus‘.

41

[...] Es ist Komödie, weil es mit den Mitteln der Komödie gestaltet ist. Mit Theatercoups, mit Verwechslungseffekten, mit Situationskomik, mit Wortspielen, die unmittelbar die Handlung im Wort abbilden, mit der Allmacht des Zufalls. Wie es bei Dürrenmatt nicht Held heißt, sondern tapferer Mensch, so heißt es bei ihm nicht Schicksal,
sondern Zufall. ‚Je planmäßiger die Menschen vorgehen, desto wirksamer vermag sie   5
der Zufall zu treffen‘, sagt er in den Anmerkungen zu seinem neuen Stück. Planmäßig-
keit gegen Zufall — das ist eine Form der Komik, die sich hier trifft mit dem Paradox.
Wie nahe Dürrenmatt einem Pascal steht mit seiner fundamental paradoxen Sicht des
Christentums, das kann hier abermals abgelesen werden. Es gibt in diesem gnadenlosen
Stück einige Momente der Euphorie: zum Beispiel, als der Polizeikommissar sich der   10
Pflicht entbunden fühlt, Gerechtigkeit zu üben und einen Mörder zu verhaften. Schwere-
los ruht die Welt für einen Augenblick, Irresein gewährt so etwas wie Gnade, Gerech-
tigkeit hat abgedankt — auch hier tritt wieder das Grundanliegen Dürrenmatts, die
Spannung zwischen Gnade und Gerechtigkeit, ins Spiel, wirklich in ein Spiel, aber kurz
sind solche Augenblicke. Die Unerbittlichkeit siegt, im Spiel, durch ein Spiel. Spielt   15
Dürrenmatt mit ihr? Macht er nur ein Theater mit ihr? Er macht Theater aus ihr. Das
ist etwas anderes. ‚Im Paradoxen erscheint die Wirklichkeit‘, notiert er. Und: ‚Wer dem
Paradoxen gegenübersteht, setzt sich der Wirklichkeit aus.‘ Wie sich ein Mensch der
Wirklichkeit aussetze, wird bestimmt von seiner innersten Art. Der Dramatiker setzt sich
ihr auf dem Theater und durch das Theater aus. [...]"   20

Recht ausführlich befaßt sich *Ernst Wendt* mit dem Stück (‚Theater heute‘ 3, 1962, 12,
S. 12 f.): „Und das alles mündet schließlich in die eine entscheidende Frage: ob denn
hier überhaupt die Sache von Menschen verhandelt wird. Ich würde strikte sagen: nein.
Das Stück hat etwas von einem Uhrwerk — Schweizer Arbeit sozusagen —, Uhrwerk,
in dem einzelne, genau gefeilte Rädchen sich drehen, ineinandergreifen zu einem Mecha-   25
nismus, der, einmal in Gang gebracht, präzis und ohne Störung abläuft. Doch dieses
Uhrwerk, obwohl es vorgibt, gar die ‚Weltstunde‘ anzuzeigen, bleibt reines ‘Spielwerk’.
Darin freilich unzerstörbar, unabweisbar — das Paradoxe ist immer unabweisbar, mit
Logik nicht zu zerlegen. Aber entgegen Dürrenmatts Behauptung im neunzehnten seiner
‚21 Punkte zu den Physikern‘, im Paradoxen erscheine ‚die Wirklichkeit‘, tut sie's in die- 30
sem Fall nicht. Warum? Die Elemente des Paradoxen müßten denn Substrat aus irgend
Realem sein: dann, nur dann möchten sie, in kühner, frisch erhellender Verspannung,
neue ‚Wirklichkeit‘ aufdecken.
    Dürrenmatts Begriff des ‘Paradoxen’ ist aber ein rein formalistischer. Sein Paradoxes
ist nichts anderes als planmäßig eingesetzter Zufall, eine Art von denaturiertem Schick-   35
salswalten, das aus einer Handlung den höchstmöglichen Effekt hervortreibt. Denn —
wie es im fünften der 21 Punkte heißt — ‚die Kunst des Dramatikers besteht darin, in
einer Handlung den Zufall möglichst wirksam einzusetzen‘.
    Die Volte als Stilprinzip? Kann das mehr aus einer Fabel hervortreiben als eine be-
stimmte Art kalter Komik, die — wenn es gut geht — der ‘Parole’, der These immer   40
grad die Balance hält? Und kann da alle Lust an grotesker Übergipfelung Mahnung und
Moral zu jener Höhe künstlerischer Erfindung emporsteigern, die — oberhalb leitarti-
kelnder Ernsthaftigkeit — durchs Lachen das Entsetzen, durchs Spinnerte die milde,
verklärende Weisheit und zuletzt gar im irren Spuk ‘Welt’ sichtbar macht? Wiederum:
nein.   45

    Die theoretische Überlegung, die diesem Stilprinzip zugrunde liegt, findet sich schon,
42   1955, in den ‚Theaterproblemen‘ formuliert: ‚Der Staat hat seine Gestalt verloren ... er

(ist) nur noch statistisch darzustellen. Sichtbar, Gestalt wird die heutige Macht nur etwa da, wo sie explodiert, in der Atombombe, in diesem wundervollen Pilz, der da aufsteigt und sich ausbreitet, makellos wie die Sonne, bei dem Massenmord und Schönheit eins werden. Die Atombombe kann man nicht mehr darstellen, seit man sie herstellen kann.'
Sieben Jahre später versucht er immerhin, ihr in einer Handlung unter Irren beizukommen. Die Welt — ,für mich ... ein Ungeheueres ... ein Rätsel an Unheil' — als Irrenhaus, die Beziehungen zwischen Wissenschaft und Macht in schlichter Diagnose als ‘irrsinnige’ darzustellen —: ist das, aus Furcht, ‚das Allgemeine in einer Doktrin zu finden‘, nicht auch ein Rückzug aus der Welt? Wenn — mit Brecht zu sprechen, gegen den ja das letzte Zitat gerichtet ist —, wenn die Wahrheit konkret ist, dann sollte auch die von der Schuld der Physiker, von ihrer Unterwürfigkeit oder ihrer Standhaftigkeit den Mächtigen gegenüber, anders darstellbar sein als aus jener bequemen Position: ‚Ich nehme es (das Allgemeine) als Chaos hin.‘

Denn die Welt ist so abstrakt, so unfaßbar nicht, als daß sie erst wieder im Irrenhaus zu deuten und in einer Abfolge von ‚schlimmst-möglichen Wendungen‘ darzustellen wäre. Ich meine, daß Abbildung der Welt noch immer im Alltag möglich ist (oder, wenn sie ‘absurd’ betrieben wird: in neuer Zusammensetzung von Elementen des Alltags) — in jenem Kosmos des Immergleichen, Beharrenden, wo, auch wenn man ‘mit der Bombe leben’ muß, dieses Leben noch zwischen so ‘Banalem’ wie Arbeit und Liebe, Lachen und Schmerz, Trauer und (irdischer) Seligkeit ausgespannt ist. Was eine Aufgabe, unter solch alltäglichem ‘Tanz’ den schwelenden Vulkan und den schwankenden Boden sichtbar zu machen! Jedoch drei, weil sie Verantwortung für die Welt fühlen, sich hinter die Maske des Wahnsinns zurückziehen, mit dem Irrsinn leben zu lassen — was ein im Grunde sentimentaler Gedanke, wenn man den theatralischen Effekt (Irre auf der Bühne ‘gehen’ immer) davon abzieht. Dürrenmatts sentimentale Apologie des ‘mutigen Menschen’ beherrscht auch hier, in den ‚Physikern‘, das Spiel. Wir müssen noch einmal auf die ‚Theaterprobleme‘ zurückgreifen: Helden, lautet da die These, könne man nicht mehr auf die Bühne bringen, man müsse sie ersetzen durch den tapferen, den mutigen Menschen. Solche aufzuzeigen ‚ist denn auch eines meiner Hauptanliegen‘. Die Sprache verrät bereits, was dahintersteckt, und gleich darauf steht auch schon der pathetische Satz: ‚Die verlorene Weltordnung wird in ihrer Brust wiederhergestellt.‘

Möbius ist der mutige Mensch in diesem Stück; der Physiker, der, um sein mörderisches Wissen zurückzunehmen, vor der Welt zu verbergen, sich ins Sanatorium flüchtet: vorspielend, ihm erscheine der große König Salomo. Karriere, Wohlleben, Familienglück opfert er dahin, um sich fortan — mutiger Mensch, der ins Chaos blickt, aber nicht kapituliert — die Maske des Wahnsinns vors schmerzerfüllte Gesicht zu halten. Dieses Menschen Tapferkeit, sein Opfersinn scheut, als es gilt, sein Geheimnis zu verteidigen, nicht davor zurück, einen Menschen (der ihn liebt, den er liebt) zu erdrosseln.

Mord, um die Menschheit vor größerem, unabsehbarem Unheil zu bewahren? Eisige, schaudervolle Konsequenz, die sich später noch zum infernalischen Bild des Sinnlosen verdichtet, wenn Möbius' Erkenntnis dennoch in die Hände der verrückten Irrenärztin fällt? Man kann es so deuten, kann es so spielen — und man hat es so gedeutet, hat es so inszeniert.“

Zu interessanten weil widersprechenden Aussagen kommen auch die folgenden Kritiker. Zunächst *Rudolf Stickelberger* (‚Reformatio‘ 11, 1962, 3, S. 159 ff.): „[...] Diesmal wird — nicht zum erstenmal! — das traditionelle Pfarrhausidyll durch den Kakao gezogen. Da Dürrenmatts Herkunft sich von jener seiner meisten Kritiker unterscheidet, wurde in den bisherigen Zeitungsbesprechungen dieser recht breiten Szene im ersten Akte der ‚Physiker' wenig Gewicht beigelegt. Wer jedoch daran denkt, daß der Dichter selbst in dieser Atmosphäre des rührenden Gottvertrauens aufgewachsen ist, neigt dazu, hier den Schlüssel zu seiner ganzen Konstruktion zu suchen: Verhängung in der Tradition und gleichzeitige Auflehnung gegen ihre Muffigkeit ergeben vermischt den dramatischen Sauerteig.

[...] Die Absurdität der scheinbaren Werte wird hier auf die Spitze getrieben: Die ehemalige Frau des Physikers sieht zwar aus wie die Pfarrfrau aus dem Bilderbuch, mausgrau, meilenweit fort von jedem Sex-Appeal und mit mütterlich-fraulich-schwesterlich-kitschigen Redensarten so um sich werfend, daß es jedem natürlich empfindenden Zeitgenossen vor lauter Fürsorgerinnenjargon den Magen umdreht. Zugleich bekennt sie in schlichtem Stolze, daß sie just den Schritt unternommen habe, der sonst in Pfarrhäusern verpönt ist: Sie ließ sich scheiden und brachte der Einfachheit halber ihren neuen Gemahl auch gerade mit in die Klinik: eine schüttere Gestalt im schwarzen Büßergewand, den verwitweten Missionar Oskar Rose, der zuvor als Pfarrer in Guttannen amtete und zum Gaudium des Publikums sechs Söhne in seine zweite Ehe mitgebracht hat. Sie wollen gemeinsam auf die Marianen ziehen. Die bösartige Versimpelung eines allerdings unzeitgemäßen Pietismus und seine erbarmungslose Herauszerrung aus dem Kapellenschatten ins Rampenlicht der mondänen Bühne gelänge keinem, der hier nicht einen Teil seiner eigenen Seele bloßlegte.

Auch was sonst im humanitären Bereiche als gültig gilt, hat in den ‚Physikern' — wie überhaupt in Dürrenmatts Stücken — keinen Bestand: Die Oberschwester agiert als perfektionistischer Drache mit Spatzenhirn; die jungen Schwestern dagegen dienen als Lockspeise für intellektuell begründete Sexualverbrechen. Die drei Wärter, die sie nach ihrem Tode ablösen, gleichen Henkern in Uniform; um das Absurde auch hier wieder zu erfüllen, stammt der Athlet mit dem schneeweißen Gesicht aus Südafrika, der Neger jedoch aus Nordamerika.

Überlebende ist auch hier wieder die 'alte Dame', diesmal die Irrenärztin, die sich erfolgreich an Gott und der Welt dafür rächt, daß sie, weil verwachsen, in ihrer Vitalität nicht auf die Rechnung gekommen ist.

Man darf Dürrenmatt nicht unrecht tun: Er war und bleibt ein Moralist, und zwar im prophetischen Sinne des Alten Testaments. Auch im Positiven verleugnet er die pfarrhäusliche Herkunft nicht. Nichts von dem ist ihm heilig, was menschliche Erziehung und Gesittung als tabu erklärt haben, damit die mühsam zusammengehaltene Zivilisation nicht aus den Fugen gehe. In der Entlarvung der Scheinheiligkeit bleibt er Meister. [...]"

Heinz Beckmann schreibt (‚Rheinischer Merkur', 17, 1962, Nr. 9): „[...] Das Personal der Komödie besteht erstens aus Leichen; zweitens aus vermeintlichen Irren und drittens aus einer Chefärztin mit tatsächlichem Dachschaden. Nur im ersten Akt tauchen zu einem Zwischenspiel fünf normale Menschen auf, Menschen jener Gattung also, die die Physiker beim Abendessen vor der endgültigen Katastrophe bewahren wollen. Diese fünf Menschen müßten demnach die entscheidende Weiche in der Komödie sein, denn allzu gerne möchte man doch erfahren, was es da zu retten gibt vor der Anwendung der Formel aller Formeln. Die Frau des Herrn Möbius erscheint mit ihren drei Söhnen auf der Bildfläche des zweiten Mordes. Sie hat sich von ihrem salomonisch verwirrten Mann scheiden lassen und inzwischen einen verwitweten Missionar mit seinerseits sechs Söhnen geheiratet. Nun möchte sie endgültig Abschied nehmen von dem armen Möbius. Ihre drei Söhne tragen Konfirmandenanzüge und in deren Taschen je eine Blockflöte, mit der sie ihrem Vater zum Abschied ein bißchen Buxtehude aufspielen wollen. Der Missionar zitiert frömmelnd aus den Psalmen, indessen die wiederverheiratete Frau Möbius einer vergammelten Bohnenstange gleicht. Herr Möbius bekommt es also nicht mit seiner Familie, sondern mit billigsten Karikaturen zu tun. Sein Tobsuchtsanfall in der Abschiedsszene ist daher die normalste Reaktion, die in der Komödie vorfällt.

Mit dieser Abschiedsszene hat Friedrich Dürrenmatt seine jüngste Komödie ‚Die Physiker‘ gleich nach dem zweiten Mord so gründlich entlarvt und entwertet, daß man getrost zur Garderobe entweichen könnte. An der entscheidenden Weiche, wo nun der Mensch zur Sprache kommen müßte, um dessentwillen die Physiker verrückt spielen, verfällt Dürrenmatt seinem alten Laster frivoler Karikierungen, verfällt er der Menschenverachtung und den Ressentiments eines Pastorensohns. Also bitte schön: Was verlören wir denn eigentlich, wenn die spinnende Mathilde nun tatsächlich auf den Knopf drückt? Den salbadernden Missionar? Die Blockflöten? Die alternde Bohnenstange? Die dressierten Konfirmanden? Wieso wäre das eine Tragödie? Weg mit Schaden, Schwamm drüber, möchte man sagen. Aber so kühn erdreistet sich Dürrenmatts Ironie und Cabaret nun doch nicht. Da hat sich hinter aller Bissigkeit und Komödie der bleichsüchtige Backfisch namens Sentimentalität versteckt. Man sieht ihn zwar nicht, aber immer denkt man: da ist doch noch jemand! Wozu sonst die Krokodilstränen und Gewissensbisse um eine Menschheit, die bloß aus Vogelscheuchen besteht?

Verehrter Herr Dürrenmatt, wann endlich bekommen wir auf Ihrer Bühne einen Menschen zu sehen, um den es wahrhaftig schade wäre, wenn die große Bombe platzte? Oder meinen Sie, daß es solche Menschen gar nicht mehr gibt? Wozu aber dann der Seelenkonflikt der Physiker? Ratten rottet man doch aus, auch Kaninchen, auch sogar Känguruhs. Wenn schon Menschenverachtung in der Lauge der Verzerrung, dann sollte man wenigstens gründliche Arbeit leisten, wie mit den Ratten, den Kaninchen, den Känguruhs. Dazu fehlt es Ihnen an Courage? Aber es fehlt Ihnen gar nicht an der Courage, mit Psalmen zu ulken und die bucklige Senilität einer uralten, aussterbenden Familie dahin zu beschreiben, daß sie nur noch zur Nächstenliebe fähig sei.

Johann Wilhelm (warum nicht gleich Wolfgang?) Möbius sagt zum Schluß in der angenommenen Rolle des Königs Salomon: Durch meine Weisheit verlor ich die Gottesfurcht, und als ich die Gottesfurcht verloren hatte, verlor ich durch meine Weisheit auch allen meinen Reichtum. Kennen Sie, sehr verehrter Herr Dürrenmatt, die Geschichte des Menschengeschlechtes so mangelhaft, daß sie diesen Schaden des Königs Salomon für zwangsläufig und für irreparabel halten? Dann erhöbe sich abermals die Frage, weshalb Sie denn die mögliche Selbstvernichtung dieser unabwendbar schadhaften Menschengesellschaft jenseits der Gottesfurcht nicht furchtlos als, eine mögliche Erleichterung, als eine vielleicht notwendige Bereinigung im Weltall empfinden.

Der Mensch, nicht jedoch Frau Möbius und ihr Missionar, muß gerettet werden. Eine der großen Rettungsmöglichkeiten wäre das Drama, wenn unsere Dramatiker sich nur nicht dauernd auf dem Papier den Kopf und das Gewissen der dreißig führenden Physiker zerbrächen, sondern dem Menschen endlich den zu rettenden Menschen zeigten und ihn mit den Mitteln der dramatischen Kunst als Mensch wiederherstellen wollten. Nur so kann man den Menschen davon abbringen, auf den Knopf der Bombe zu drücken, weil ihn das eine, das hinreißende, das leidende, das dramatische und tragische Angesicht des wahren Menschen daran hindert. Ohne dieses Angesicht wird er sich nicht daran hindern lassen. Das Känguruh hat den totalen Untergang bereits einkalkuliert, es rechnet mit ihm, denn es hält von sich selbst nicht mehr, als Sie, Herr Dürrenmatt, vom Menschen halten. Da liegt der wahre Schade, seit gescheite Kabarettisten sich als Dramatiker ausgeben und uns auf der Bühne den Menschen verpfuschen. Wenn wir mit dieser abgestandenen Ironie, mit der blasierten Komödie als der angeblich einzigen dramatischen Ausdrucksmöglichkeit unserer Zeit so fortfahren, wird Mathilde die Bombe zünden, weil am Ende niemand mehr den Schaden erheblich findet.

P. S. Die einzig überlebende Krankenschwester im Sanatorium hört auf den Namen Marta Boll. Friedrich Dürrenmatt scheint nicht zu wissen, daß es in der modernen dramatischen Literatur bereits eine sehr profilierte und, im Gegensatz zu seinen Vogelscheuchen, anrührend menschliche Martha Boll gibt, nämlich in dem Drama ‚Der blaue Boll‘ von Ernst Barlach. Dort geht es wahrhaftig um den Menschen und seine mögliche Errettung.

Die Uraufführung der Komödie ‚Die Physiker‘ von Friedrich Dürrenmatt im Zürcher Schauspielhaus wurde von Kurt Horwitz recht unscharf und schleppend inszeniert. Nur Therese Giehse konnte es gelingen, aus der Rolle der Mathilde von Zahnd ein paar Diamantensplitter großer Schauspielkunst zu schürfen. Der gewaltige, lang andauernde Beifall tat einem weh, denn er entwertete jenen Beifall, den im gleichen Haus erst jüngst das Schauspiel ‚Andorra‘ von Max Frisch gefunden hatte.“

Ganz anders sieht *Gody Suter* (‚Die Weltwoche‘, 2. 3. 1962) die 'Nutzanwendung' des Stückes:

„Lieber G. S.,

als ich nach der ersten Aufführung von Friedrich Dürrenmatts Komödie ‚Die Physiker‘ mit Ihnen sprach, war ich zutiefst entsetzt über die kühle Reserviertheit, mit der Sie sich über dieses Stück und über diesen Theaterabend äußern konnten. Da hat sich also einer hingesetzt und aus der Not der Zeit heraus ein Drama geschrieben, das sich als Komödie maskieren muß, weil die Wahrheit zu grauenhaft ist, und Sie sprechen darüber wie über ein gewöhnliches Theaterstück, urteilen darüber wie über einen gewöhnlichen Theaterabend. Wollen oder können Sie die Botschaft nicht verstehen, die Dürrenmatt und seine ‚Physiker‘ an eine irrsinnige Welt richten . . .?

Ihr H. B.

Lieber H. B.,

ich fürchte fast, ich muß den Friedrich Dürrenmatt gegen Sie in Schutz nehmen; ich glaube, Sie hängen ihm da eine 'Botschaft' an, die er nicht verfaßt hat und nicht verfassen wollte.

Aber zuerst will ich wiederholen, was ich über das Stück sagte: ich halte es für ein ganz herrliches, glänzend gebautes, witziges, anmutig skurriles *Denkspiel*, ein Spiel mit allen Möglichkeiten und Unmöglichkeiten einer abstrakten Situation, die aus der Wirklichkeit gezogen, aber von der Wirklichkeit entfernt worden ist. Es hat, nach meiner Meinung, zwei Längen oder Unebenheiten. Die eine ist unnötig, aber so köstlich, daß ich sie nicht missen möchte: das ist der Auftritt der Möbiusschen Familie, der die Exposition zerdehnt, aber in sich ein Kabinettstückchen ist. Die andere ist nötig, aber wohl nicht ganz gelungen: das ist — gegen den Schluß zu — das vernünftige und verantwortungsbewußte Gespräch der drei Physiker, das mit dem Irrsinn vorher und mit der irrsinnigen Pointe nachher zu kontrastieren hat, aber in sich (oder: auf mich) etwas banal wirkt. Solche Aussetzungen anzubringen allerdings ist angesichts des Gelungenen, angesichts der ganzen Komödie, fast schon kleinlich.

Ich hätte sie auch gar nicht angebracht, wenn ich nicht vermuten müßte und durch den Beifall in meiner Vermutung bestärkt worden wäre, daß gerade das, was ich als nicht ganz geglückt empfinde, Ihren Zorn und Ihren Brief angeregt hat: das Gespräch der drei Physiker. Das Gespräch, in dem Möbius sagt: ‚Nur im Irrenhaus sind wir noch frei. Nur im Irrenhaus dürfen wir noch denken. In der Freiheit sind unsere Gedanken Sprengstoff . . .‘

Und: ‚Entweder bleiben wir im Irrenhaus, oder die Welt wird eines . . .‘

46

Ist das die 'Botschaft', die Sie gehört haben? Ist das die 'Moral und Nutzanwendung', die Sie aus dem Stück ziehen? Sehen Sie, *da* muß ich den Dürrenmatt in Schutz nehmen: er hat weiter gedacht und weiter gedichtet; er hat den frommen und trostreichen Pakt der drei Physiker, die nun zum Wohle der Menschheit irrsinnig bleiben wollen, schon in der nächsten Szene zerfetzt — als sich herausstellt, daß der Beschluß zu spät kommt, weil die irrsinnige Irrenärztin ihn schon lange vorher durchkreuzt hat. Es mußte doch gerade einen Dürrenmatt reizen, auf die trockene, kleinbürgerliche Vernünftelei der drei Gelehrten einen noch dickeren, noch diabolischeren Spaß zu setzen. Und dies, glaube ich, ganz unverbindlich, ganz aus dem himmlischen Behagen an seinem Denkspiel heraus.

Oder glauben Sie im Ernst, daß sich die Dürrenmattsche Komödie auf den einfältigen Aphorismus ‚Die Welt ist ein Irrenhaus' reduzieren ließe? Denn sie *wird* ja in dem Stück nicht, sie *ist* ein Irrenhaus; das ist, aber eben nur in dem Stück, ihre *Voraussetzung*. Und nicht etwa die Folge: der Irrsinn der Irrenärztin hat mit dem Problem der Physiker an sich und zunächst nichts zu tun; sie wäre, wie sie gezeichnet ist, so oder so dem Wahnsinn verfallen.

Aber nehmen wir einmal an — obwohl ich nachdrücklich betonen muß, daß ich nicht daran glaube —, Dürrenmatt habe tatsächlich sagen wollen, die Welt sei oder werde ein Irrenhaus. Nehmen wir an, Sie hätten diese Botschaft verstanden, es sei Ihnen wie Schuppen von den Augen gefallen, und Sie wären aufgewühlt von der Erkenntnis aus dem Theater gegangen.

Und jetzt? Was tun Sie jetzt? Was *tun* Sie jetzt? Was *können* Sie tun? Wohin führt Sie Ihre Erkenntnis? Im besten Falle in die Verzweiflung, im schlimmsten Falle zu einem Achselzucken. Oder umgekehrt. Nicht weiter jedenfalls und schon gar nicht dazu, etwas für die Rettung der Welt zu unternehmen. Denn es ist ja nicht Ihr Irrsinn, der da angeblich angeprangert wird, sondern der der Physik, und Sie können nur hoffen, daß die Physiker womöglich im letzten Augenblick noch wieder vernünftig werden. Sie jedenfalls, lieber H. B., sind fein aus der Sache heraus; an Ihnen liegt es nicht, wenn die Atombombe oder ein anderes physikalisches Grauen über uns kommt. Sie haben Ihre Erkenntnis.

Aber wie gesagt: für mich steht in dem Stück von Dürrenmatt nichts Derartiges drin. Für mich ist es eine amüsante Abstraktion, ein in fast allen Teilen gelungenes koboldisches Denkspiel. Ein Spiel, das man nur mit den gewaltsamen Mitteln der Metaphysik zu einem Abbild unserer Welt zurechtdeuten könnte. Wobei uns solche Metaphysik auch nicht weiter, auch nicht zum Handeln bringt und eben auch nicht mehr zu erhellen vermöchte als die Banalität: 'Die Welt ist ein Irrenhaus.'

Aber — und damit wollen wir den Dürrenmatt einen Augenblick verlassen und zu einem Kern Ihres Irrtums kommen — wie steht es nun mit der Atombombe; wie steht es mit der Apokalypse, die über unsere 'irrsinnige Welt' zu kommen droht? Denn, nicht wahr, aus Ihrer Angst vor der Bombe und der Selbstvernichtung der Menschheit heraus haben Sie dieses Stück 'verstanden' und seine 'Botschaft' herausgehört?

Ich muß gestehen, daß mir die Dämonisierung, die der Bombe zuteil wurde, immer etwas merkwürdig vorgekommen ist. Nicht weil ich ihre Wirkung unterschätze oder sie bagatellisieren möchte, sondern weil diese Dämonisierung in einem so verblüffenden Kontrast steht zu der Gelassenheit, mit der andere tödliche Gefahren der Menschheit zur Kenntnis genommen werden: zum Beispiel die Verschmutzung der Gewässer; zum Beispiel die Vergiftung der Luft; zum Beispiel der Lärm. Nun lächeln Sie ein großes und vielleicht nachsichtiges Aber — dieser G. S. verwechselt nun wirklich alle Kategorien und hat dabei nicht die geringste Ahnung von Prioritäten. Als ob Schmutz, Gift und

Lärm mit der Bombe zu vergleichen wären, mit dem *Fallout* und mit der Verpestung der gesamten Atmosphäre!

Sie sind wahrscheinlich in der Tat nicht miteinander zu vergleichen, und zwar deshalb nicht, weil Schmutz, Gift und Lärm hier und heute bereits vorhanden sind, während die Gefahren der Bombe zunächst noch auf Hypothese und Spekulation, jedenfalls nicht auf einem bereits erreichten Zustand beruhen. Und während Sie die Bombe dämonisieren, die Apokalypse in Technicolor an die Wand malen, gehen die Gewässer still und leise zugrunde, verändert sich unser Organismus durch die Gifte in Luft und Wasser und durch den Lärm, dem wir ständig ausgesetzt sind. Ist nicht eher das ein dämonisches Abbild — wenn Sie schon Dämonie wollen — unserer 'irrsinnigen Welt': wie alle gebannt auf den großen Blitz und auf den großen Donnerschlag warten, und wie dazwischen ein Heer von fahlen kleinen Toden unbemerkt und unauffällig schon längst am Werke ist? . . .

Da ich aber nicht an Dämonisierung glaube — ich halte sie sogar für verderblich — und da ich darüber hinaus der Ansicht bin, daß die Gefahren, die der Menschheit drohen, nur tendenziös und nicht gültig dramatisiert werden können — auch Ihre 'Botschaft' wäre ja Tendenz, wenn auch gänzlich nutzlose —, habe ich in der Tat über ‚Die Physiker' von Friedrich Dürrenmatt wie über ein 'gewöhnliches Theaterstück' und über die Aufführung wie über einen 'gewöhnlichen Theaterabend' gesprochen.

Wie über einen ungewöhnlich gelungenen gewöhnlichen Theaterabend jedoch. [. . .]"

Walter Karsch kritisiert das Stück recht deutlich (,Der Tagesspiegel', 10. 10. 1962: „[. . .] Doch leider ist Dürrenmatts neuester Bühnenbestseller keine Komödie, sondern ein Mittelding aus Kabarett, Reißer und Leitartikel. Prächtig wie immer, wenn er den Ernst hochputscht und ihn dann in die Komik umkippen läßt; nicht weniger prächtig, wenn die auf die Spitze getriebene Komik in den Ernst umschlägt. Darin ist Dürrenmatt Meister. Wie sich hier aber erweist, ist er darin zu sehr Meister. So sehr nämlich, daß er mit diesem Stilmittel jeder ernsthaften Austragung eines ernsthaften Konfliktes ausweicht.

Natürlich ist die Verwandlungskomödie der drei Herren sehr spaßig (aber auch billig); natürlich ist es erheiternd, einer ältlichen verknitterten Frau zuzuhören, die ihr Leben dem Herrn Möbius geopfert hat und nun, da sein Fall hoffnungslos scheint, ihre drei Sprößlinge unter die Hut eines mit sechs Kindern gesegneten Missionars bringt. Das Zusammentreffen zwischen Möbius und seiner Familie hat einen schwarzen Humor und zeigt die Klaue dessen, der ‚Die Ehe des Herrn Mississippi' und den ‚Besuch der alten Dame' schrieb.

[. . .] Alogik hin — Alogik her. Dürrenmatt nimmt durchaus richtig das Vorrecht der Dramatiker in Anspruch, eingleisige Figuren zu schaffen, die den Gesetzen der Rationalität nicht unterworfen sind. Doch er überzieht die Eingleisigkeit seiner drei Physiker, er hält nicht nur sie, sondern auch uns für Narren. Sein Spaß an der Abstrusität, an der Groteske, der Clownerie schlägt diesmal auf ihn zurück. Was da oben geschieht, wirkt unglaubhaft. Besonders am Ende, als die Irrenärztin sich zur Weltbeherrscherin dank der Formel von Möbius aufschwingt. Das ist nicht mehr als ein Gag, es ist eine Flucht in den Ulk, die Albernheit, eine Flucht vor der geistigen Auseinandersetzung. Denn die hätte jetzt zu beginnen. Das Fräulein Doktor Mathilde von Zahnd spricht es nur aus, und Möbius wiederholt es, daß ein einmal gedachter Gedanke nicht zurückgenommen werden kann. Und ganz bescheiden fügen wir hinzu: Morgen denkt ihn ein anderer und hat nicht die Gewissensskrupel des Herrn Möbius. Da ist Rhodos, da hätte Dürrenmatt springen müssen. Statt dessen entläßt er uns mit drei Kurzmonologen der Herren Newton, Einstein und Möbius, der vorgibt, seine Eingebungen von König Salomo zu haben. Der Thesenverächter Dürrenmatt verkündet hier nur noch Thesen. Der Vorgang vollzieht sich unter der Glasglocke der Irrenanstalt — die Gegenwelt des Alltags ist ausgeschaltet, womit sich Dürrenmatt selbst des Gegenspielers beraubt hat. [...]"

Davon abgesetzt äußert sich *H. M. Reifferscheidt* (,Die Weltbühne' 17, 1962, 45, S. 1431 ff. vom 7. 11. 1962): „[...] Will aber nun Dürrenmatt die Menschen dazu aufrufen, ihre
5 ganze Kraft für diese lebensrettende Veränderung des gesellschaftlichen Zustandes ein-zusetzen? Er will das nicht, denn er scheint davon überzeugt, daß dies nicht Aufgabe des Stückschreibers sein kann und dessen Möglichkeiten weit überschreitet. ,Die Drama-tik kann den Zuschauer überlisten, sich der Wirklichkeit auszusetzen, aber nicht zwingen, ihr standzuhalten oder sie gar zu bewältigen.'"

10 Das ist Dürrenmatts Theorie und seine ,Physiker' sind demnach ein solcher Versuch der Überlistung. Der Zuschauer wird amüsiert und unterhalten — Dürrenmatt versteht sich darauf! — aber — ehe er sich's versieht — der in eine paradoxe Geschichte ver-kleideten Wirklichkeit gegenübergestellt. Es bleibt ihm nun überlassen, welchen Schluß er zieht, ob er sich bewähren oder weiterhin drücken will. So wenigstens lautet die er-
15 klärte Absicht des Autors. Nun fragt es sich aber, ob es Schuld des Zuschauers wäre, wenn er nicht merkte, daß er hier zu einer Entscheidung herausgefordert ist. Voraussetzung hierfür wäre ja wohl, daß die ,Physiker' ihm keine andere Wahl ließen, daß es also Dür-renmatt gelungen wäre, ihm die Erkenntnis aufzunötigen, daß er hier im Paradoxen der gräßlichen Wirklichkeit konfrontiert wird. Dies aber ist, meines Erachtens, Dürrenmatt
20 keineswegs geglückt. Und eben deshalb bleibt sein neues Stück im Grund doch unver-bindlich, und jedem ist es freigestellt, es für einen makabren Scherz, für eine Kriminal-story in etwas ungewöhnlicher Umgebung oder für was sonst immer zu halten. Es sei denn, er lese vorher sorgfältig die Gebrauchsanweisung, die ,21 Punkte zu den 'Physi-kern". Dann freilich wird es auch einem Begriffsstutzigen dämmern, denn auch ich habe
25 ja nach dieser Lektüre ohne weiteres verstanden, worum es hier in Wahrheit geht. Ist es aber zuviel verlangt, daß ein Stück aus sich heraus unmißverständlich sei? Wenn ja, dann sind meine Einwände hinfällig, wenn nein, dann wird man mir zustimmen, wenn ich meine, daß diese Komödie, bei all ihren großen Qualitäten, die Erwartungen nicht erfüllt, daß sie sozusagen unvollendet ist.

30 [...] Es gibt in den ,Physikern' Szenen von unüberbietbarer, treffsicherer Komik. Etwa der Auftritt, in welchem die ehemalige Gattin des Möbius gemeinsam mit dessen drei Söhnen und dem ihr frisch angetrauten Missionar ihm einen Abschiedsbesuch macht vor der Abreise nach den Marianeninseln, wo sie endlich ein friedliches, gutbürgerliches Dasein zu führen hofft. In solchen Szenen stimmte aber eben auch alles. Selten hatte ich
35 ein solches Vergnügen an einem Stück wie an den ,Physikern' — ich würde gleich noch einmal hineingehen. Aber es kommt dabei, wie gesagt, nicht nur auf das Vergnügen an."

4.2. Wissenschaftliche Stellungnahmen und Kontroversen

Es war schon gesagt worden (4.1.), daß eine säuberliche Trennung gegenüber den Thea-terkritiken nicht durchführbar ist. So finden sich in diesem Kapitel Beiträge in Auszügen
40 von recht unterschiedlicher wissenschaftlicher Qualität. Der Leser wird die verschie-denen Meinungen (unter ihnen eine aus der DDR) am Stück selbst messen, gegeneinan-derstellen und beurteilen. — Als Reihenfolge des Abdrucks wird wiederum das Datum des Erscheinens (bzw. der Entstehung) genommen, um die wissenschaftliche Diskussion in ihrem Fortgang sichtbar zu machen — sofern ein solcher vorhanden!

45 *Walter Muschg* (Programm-Heft des Zürcher Schauspielhauses 1961/62, S. 5) gibt dem Stück eine betont positive Analyse mit auf den Weg: „Das Irrenhaus erfreut sich eines

Zuspruchs wie noch nie. Dichter so verschiedener Art wie Robert Walser und Ezra Pound fühlten sich nur noch hinter seinen Mauern geborgen, und ihre in Freiheit lebenden Kollegen wählen es mit Vorliebe als Schauplatz ihrer Zeitsatiren (etwa Ernst Kreuder in seinem witzigen Roman ‚Herein ohne anzuklopfen'). Es besitzt eben eine ganz neue Anziehungskraft, seitdem die Welt zum Tollhaus oder zum Gefängnis geworden ist. Was   5
hat nun aber Dürrenmatt daraus gemacht!

Für ihn ist das Irrenhaus keine poetische Metapher, sondern die höchst normale End-station einer realen Entwicklung. Er untersucht die verbreitetste Form unseres noch nicht diagnostizierten Wahnsinns, die Jagd nach Atomphysikern, und läßt deren drei als In-sassen einer privaten Nervenklinik auftreten. Die liebevolle Schilderung der Lokalität   10
in der einleitenden Regieanweisung läßt ein schweizerisches Publikum über den Ort der Handlung nicht lange im Zweifel, aber man wird ihn wie die Stadt Güllen überall mühelos mit einem Ort in der näheren Umgebung identifizieren. Auch das grausige Idyll des ersten Akts bleibt noch im Rahmen dessen, was sich jedermann unter dem Tages-lauf schizophrener Patienten vorstellt, denn daß es da gelegentlich hoch hergeht, ver-   15
steht sich von selbst.

[...] Als Künstler zeigt Dürrenmatt in seinem achten Drama ein neues Gesicht. Die Einheit von Raum, Zeit und Handlung ist streng eingehalten, worauf er selbst boshaft hinweist: ‚Einer Handlung, die unter Verrückten spielt, kommt nur die klassische Form bei.' Die äußere Handlung ist aber minim, die Spannung ergibt sich aus der inneren   20
Veränderung der Situationen und der Reaktion der Figuren auf sie. Alles ist virtuos in-einander verzahnt, kein einmal angeschlagenes Motiv bleibt ungenützt, scheinbar Neben-sächliches wird ausschlaggebend, und man muß sehr genau hinhören, um den Grund des scheinbar Unsinnigen zu erfassen (so etwa vor dem Mord am Schluß des ersten Aktes). Dazu kommt eine letztmögliche Einfachheit der Gebärden, überhaupt der verwendeten   25
theatralischen Mittel. Der Dialog verläuft in trockenen bis banalen, aber schlagenden Kurzsätzen, die wie Zündschnüre abbrennen und den Sprengstoff der tragischen Satire explodieren lassen. Die 'teuflische' Vermischung des Komischen und Tragischen, auf der Dürrenmatts Dramaturgie beruht, der Doppelsinn der Vorgänge, die Maskenhaftigkeit der Figuren und der Zug zum Abstrakten sind hier direkt durch das Thema bedingt und   30
zu neuen Wirkungen gesteigert. Das rein komische Element erscheint nur in den Wärter-szenen, dafür spielt nun alles als sublime Groteske auf der haarscharfen Grenze zwischen Gelächter und tödlichem Ernst, die wie ein klirrendes Seil über das Nichts gespannt ist.

Die ‚Physiker' sind Dürrenmatts bisher gekonntestes Stück. Es macht aber auch so klar wie kein früheres, daß es diesem Dichter nicht nur um artistisches Können zu tun ist.   35
Möchte ihm mehr als ein künstlerischer Triumph beschieden sein.‟

Auch *Jacob Steiner* äußert sich (an gleicher Stelle, S. 14) zustimmend, insbesondere zu der umstrittenen Familienszene: „[...] Die einzige Tat des Stückes, die moralisch ganz und sinnvoll bleibt, ist die Weise, auf die Möbius von seiner ehemaligen Frau und seinen drei rührenden Söhnen Abschied nimmt — er brüllt sie an und markiert den Verrückten,   40
um ihnen die Trennung auf Lebenszeit zu erleichtern. Die im Namen der Menschlichkeit verübte unmenschliche Tat ist grundsätzlich verfehlt, weil kein Einzelner den Überblick hat, um die Richtigkeit der Tat von vornherein einzuschätzen. Vielleicht gelingt es uns, bei einem Abschied den richtigen Ton anzuschlagen. Im Hühnerzüchten können wir's zu etwas bringen.   45
Von hier aus wird ersichtlich, daß die Komödie die einzige angemessene Form ist. Sie allein hat die Fähigkeit des entschiedenen Nein zu dem falschen Pathos, das im

50   Namen der Menschheit den Menschen vergißt. Sie allein kann sich mit dem Mord be-

schäftigen und das Eieressen preisen, Konsequenzen der modernen Wissenschaft andeu-
ten, politische Systeme entlarven, die Macht des Geldes und der Technik zeigen und
doch bei den überzeugenden Einzelheiten bleiben. Sie kann untersuchen, ‚was sich beim
Zusammenprall bestimmter Ideen mit Menschen ereignet‘ (Graf Übelohe im ‚Mississippi‘). Die Komödie ist die wirklichkeitsträchtigste Form des Dramas. Wenn man sie
beherrscht wie Dürrenmatt.“

Die erste kritische Auseinandersetzung stammt von *Ernst Schumacher* (‚Theater der Zeit‘
17, 1962, 5, S. 68–71): [...] Damit berichtigt Dürrenmatt erneut seinen ‘Engel’ Brecht,
mit dem er ständig ringt. Hier hebt Dürrenmatt nun die positive Tendenz des Physiker-
Stücks von Brecht, ‚Leben des Galilei‘, auf. Er deduziert: auch wenn die Wissenschaftler
sich ihrer Verantwortung gegenüber der Gesellschaft und der Menschheit bewußt werden, wie Galilei in Brechts Stück postuliert, so gibt es weder für sie selbst eine Erlösung
noch für die Menschheit eine Errettung. An die Stelle der ‘mörderischen Analyse’, die
Galilei seinem Verhalten zuteil werden läßt, tritt bei Dürrenmatt nicht nur die Analyse
des Mords (vollzogen durch Möbius, indem er den Umschlag der wissenschaftlichen Erkenntnisse in Massenmord aufzeigt), sondern der analytische Mord (repräsentiert, gelei-
tet, zum System erhoben in der parabolischen Gestalt des ‘goldenen Königs’ und seiner
entschlossenen Dienerin). Brecht gestand seinen Physikern eine mögliche Allmacht zu,
wenn sie ihr naturwissenschaftliches Wissen mit dem gesellschaftswissenschaftlichen
Bewußtsein bereichern; Dürrenmatt überführt sie einer absoluten Unmacht, denn auch
das politische Denken und Bewußtwerden kann ihre Gefangenschaft und die Verurtei-
lung zur Zwangsarbeit und Mitarbeit an der Ausbeutung und Zerstörung der Welt nicht
aufheben.
 [...] Wenn es richtig ist, daß Dürrenmatt nicht von einer These ausgeht, sondern von
einer Geschichte, so geht er eben bei dieser von der Geschichte aus. Die Wahl des Sujets
zwingt ihn, gewollt oder ungewollt, mit seiner (dramatischen) Geschichte auch die wirkliche Geschichte zu Ende zu denken. Er läßt die wirkliche Geschichte ‚ihre schlimmstmögliche Wendung‘ nehmen, indem er die Physiker und die Welt in die Hände einer
Verrückten fallen läßt. Diese Lösung, die für die dramatische Geschichte am vollkom-
mensten ist, weil sie das Unerwartete konsequent bis zur höchsten Steigerung voran-
treibt, ist natürlich auch die leichteste, die sich für die wirkliche Geschichte denken
läßt: Der Geschichten-Erzähler Dürrenmatt dispensiert den Geschichts-Denker Dürrenmatt durch dieses Zuendedenken vom Weiterdenken.
 Bis zum Auftreten der Irrenärztin, die sich als Weltausbeuterin enthüllt, deutet die
dramatische Parabel noch reale gesellschaftliche Konflikte und Umschläge an. Mit einer
Einschränkung. Die Gleichsetzung Eislers mit Kilton mag zwar das gängige politische
Weltbild bestätigen und darüber hinaus sogar ein ästhetisches Vergnügen des ‘philosophischen Theaters’ befriedigen, indem sie Antithetisches in der Identität aufhebt; aber
in Wahrheit ist sie undialektisch, weil sie von der historischen Konkretheit abstrahiert.
Mit der letztmöglichen Steigerung des Unerwarteten, indem sich die Irrenärztin als Her-
rin der Welt entpuppt, beginnt, wenn man so sagen will, die völlige Enthistorisierung
der Parabel, ihre Irrationalisierung und Mystifizierung. Es ist möglich, daß Dürrenmatt
die Welt wirklich in den Händen von Verrückten sieht, die sich gerade mit den Macht-
mitteln, die die Physiker geliefert haben, an der Macht halten und die Welt mißbrauchen.
Aber die Antwort, die die wirkliche Geschichte abverlangt, beginnt eben dort, wo sich
Dürrenmatt ihr entzieht, nämlich in der Entscheidung der Physiker für das eine oder
andere System, die heute für die Entwicklung der menschlichen Gesellschaft kennzeich-
nend und bestimmend geworden sind. Die wirkliche Geschichte kennt das Zuendeden-

51

ken, wie es Dürrenmatt suggeriert, nicht, sondern nur das Weiterdenken. Und hier erweist sich Brechts Rationalität in der Tendenz als ungleich vollkommener als die scheinbar vollkommene, weil 'zu Ende' gebrachte Lösung Dürrenmatts, die ins Irrationale weist. Selbst wenn die Selbstbesinnung der Wissenschaftler gerade erst zu einer Selbstbestimmung geführt hat, die nur in der Verantwortung gegenüber der Menschheit liegen kann, noch nicht aber zu einer entscheidenden Mitbestimmung auf den Verlauf der Geschichte, so ist doch die Forderung danach sinnvoller als die resignierende, defaitistische, demoralisierende Aussicht, die Dürrenmatt mit seinem 'Zuendedenken' offeriert.

Dürrenmatt gibt selbst die richtige Lösung an, wenn er in den erwähnten ‚21 Punkten' schreibt: ‚Der Inhalt der Physik geht die Physiker an, die Auswirkung alle Menschen. — Was alle angeht, können nur alle lösen. — Jeder Versuch eines einzelnen, für sich zu lösen, was alle angeht, muß scheitern.' Nur eben, dort wo Dürrenmatt als Dramatiker uns zeigen müßte, wo diese Lösung zu liegen hätte, gibt er nicht nur keine Antwort, sondern eine Lösung, die geradezu der berüchtigten End-Lösung diesmal nicht nur der 'Judenfrage', sondern der 'Menschheitsfrage' gleichkommt. Vielleicht gibt Dürrenmatt die Antwort nicht, weil er damit offen Partei für eine Gesellschaftsform nehmen müßte, die grundlegend anders sein muß und sein wird als diejenige, in der er lebt, in der er wirkt, und die es ihm daher schwerlich verzeihen würde, wenn er sie also desavouierte. Oder aber er kann die Antwort nicht geben, weil er nicht von der Möglichkeit und Wahrscheinlichkeit einer solch anderen Gesellschaftsform überzeugt ist.

Jedenfalls kann man sagen, daß das postulierte Zuendedenken der (dramatischen) Geschichte dem Weiterdenken über die wirkliche Geschichte wenig nützt. Man muß hinzufügen, daß es, obwohl in der dramaturgischen Funktion vollkommen, doch nicht die bestmögliche Wendung im ästhetischen Sinn bedeutet, weil unser ästhetischer Genuß untrennbar mit dem rationalen Be-Denken der gebotenen Lösung verbunden ist.

Zum Problem des Grotesken

Dürrenmatt stellt unsere Welt parabolisch als Irrenhaus dar und hat unser spontanes Einverständnis wie unsere Zustimmung, wenn er die Abbildung und Nachbildung gesellschaftlicher Vorgänge und Verhaltensweisen in den Formen der Groteske vornimmt. Es findet unsere Bewunderung, wie er die immanente Logik der Äußerungen und Verhaltensweisen seiner Figuren, die ganz deutliche Bezüge zur wirklichen Welt aufweisen, so lange verfolgt, bis sie paradox wird (was Dürrenmatt richtig vom Absurden unterscheidet). Die dramatische Handlung bekommt auf diese Weise eine hervorragend dialektische Struktur. Die Paradoxität der abgebildeten Vorgänge unterstreicht notwendig den grotesken Charakter des Stücks. Dürrenmatt hat vollkommen recht, wenn er die Notwendigkeit hervorhebt, daß die Schaffung von 'Modellen' nach dieser Methode den dramatischen Produkten einen Komödiencharakter verleiht, der gerade durch die Inkommensurabilität von Inhalt und Form verfremdend, das heißt bewußtseinsfördernd wirkt.

Aber diese Funktion der Komödie wird gerade dadurch in Frage gestellt, daß Dürrenmatts Stück mit seinem konstruierten, der Lösung realer Probleme entzogenen Schluß ins Absurde umschlägt. Wenn es richtig ist, was Dürrenmatt im letzten seiner ‚21 Punkte' schreibt: ‚Die Dramatik kann den Zuschauer überlisten, sich der Wirklichkeit auszusetzen, aber nicht zwingen, ihr standzuhalten oder sie gar zu bewältigen', so gestattet es eben gerade die Überziehung des Grotesken durch das Absurde des Schlusses dem Zuschauer, sich der Wirklichkeit zu entziehen (wie es ihm der Dramatiker vormacht). Die Wahrheit ist, daß eine solche gesellschaftskritische Komödie eben nur dann die von Dürrenmatt aufgezeigten und gewünschten Funktionen, nämlich zu überlisten und zur Auseinandersetzung mit der Wirklichkeit zu führen, verwirklicht, wenn sie Lösungen anzubieten hat, die eine Aufhebung der grotesken Züge in der Wirklichkeit selbst sichtbar machen. Das End-Spiel, wie es ‚Die Physiker‘ bieten, ist darum nur bedingt ein vollkommenes Lust-Spiel. Und vermutlich müßte es ein Gott von Dramatiker sein, der eine solche Abbildung und eine solche Vor-Bildung möglicher Lösungen für die paradoxen Vorgänge der Wirklichkeit in der Form der Komödie allein vornehmen könnte. In Wahrheit ist natürlich Dürrenmatts Komödie eine Tragikomödie, die ihre formale Kraft vor allem aus der Parabolisierung der abgebildeten und gebildeten Vorgänge bezieht, indem sie imstande ist, so viel von der 'Materialität' und Realität zu abstrahieren, daß das Tragische ‚auf sinnliche Weise und heiter‘, um einen Begriff Brechts für die Spezifität des Künstlerischen zu gebrauchen, gleichsam 'aufgehoben' werden kann.

Generalisierend kann man sagen, daß die dramatische Groteske nicht auf die gesteigerte Widersprüchlichkeit in der Wirklichkeit der abgebildeten gesellschaftlichen Vorgänge schließen läßt, sondern bei Dürrenmatt auch Zeugnis für seine begrenzte Fähigkeit ist, die Aufhebung der Hauptwidersprüche in der gegenwärtigen Geschichte denkerisch zu bewältigen. Die Tugend ist auch eine Not. Die 'schlimmstmögliche Wendung', die Dürrenmatt für das vollendete dramatische Gebilde beansprucht, rührt von der begriffenen, aber nicht bewältigten Not-Wendigkeit in der Wirklichkeit. Erst die 'bestmögliche' Wendung der Not in der Wirklichkeit wird die wirkliche Komödie ermöglichen.“

Hans Mayer nimmt den naheliegenden Vergleich mit Brechts ‚Galileo Galilei‘ vor (‚Dürrenmatt und Frisch.‘ ‚Opuscula‘ 4, S. 5 ff., 1962): „[...] Mag sein also, daß das Wort 'Zurücknahme' an dieser Stelle des Schauspiels ‚Die Physiker‘ mit Parodie und Zitat zu tun hat: als Unterstreichung der Parallelität von Kunstsituation und Wissenschaftslage. Sicherlich jedoch ist die Stelle noch in einem anderen Sinne als 'Parallel-Aktion' aufzufassen, oder wohl eher: als Gegenaktion. Noch genauer: als Zurücknahme. Was Möbius und Dürrenmatt hier nämlich treiben, läuft hinaus auf eine Zurücknahme des ‚Galilei‘ von Bertolt Brecht.

Wie immer Brecht die Gestalt seines widerrufenden Physikers ursprünglich konzipiert haben mochte: fest steht, daß er die Revokation seines negativen Helden mit den vielen positiven Zügen als Verrat an der Wissenschaft verstanden wissen wollte und als Mahnung an die Physiker des 20. Jahrhunderts. In seiner Selbstanalyse vor dem einstigen Schüler Andrea, die Brecht in Abänderung der ursprünglichen Fassung in die 14. Szene seines Schauspiels einfügte, um mit Hilfe dieses Kunstgriffs das gewünschte Befremden des Publikums über Galileis Verhalten zu provozieren, doziert der abtrünnig gewordene Wissenschaftler, der sein Wissen, ganz im Sinne von Johann Wilhelm Möbius, zurückgenommen hatte: ‚Ich halte dafür, daß das einzige Ziel der Wissenschaft darin besteht, die Mühseligkeit der menschlichen Existenz zu erleichtern. Wenn Wissenschaftler, eingeschüchtert durch selbstsüchtige Machthaber, sich damit begnügen, Wissen um des Wissens willen aufzuhäufen, kann die Wissenschaft zum Krüppel gemacht werden, und eure neuen Maschinen mögen nur neue Drangsale bedeuten.‘

[...] Wenn es nämlich schimpflich werden kann, etwas zu entdecken, läßt sich die Forderung der Galileifigur nach humanitärem Dienst der Naturwissenschaftler nicht mehr in der überlieferten Weise erfüllen. Dann ist die Schlußfolgerung des Johann Wilhelm Möbius nicht fern: auf Forschung zu verzichten, weil es verderblich wurde, etwas zu entdecken. Dann wurde die These der Dürrenmattfigur sogar von Brecht her bereits denkbar, ‚daß es heute die Pflicht eines Genies ist, verkannt zu bleiben‘. Als Forderung an alle Physiker gerichtet: ‚Entweder bleiben wir im Irrenhaus oder die Welt wird eines. Entweder löschen wir uns im Gedächtnis der Menschen aus oder die Menschheit er-

53

lischt.' Man sieht: Brechts hintergründiges Schauspiel, das dem Stückeschreiber selbst aus den Händen glitt und das er immer wieder einzufangen bemüht war, läßt sowohl die Entwicklung auf positiv heldenhaftes Handeln zu, inspiriert durch den Anblick des negativ handelnden Galilei (hier arbeitet Brecht mit ähnlichen Mitteln wie bei der negativ handelnden Gestalt der Mutter Courage), wie auch die erst von Dürrenmatt zu Ende gedachte Möglichkeit, daß die Physiker in der heutigen Welt und Gesellschaft nicht mehr zu Helden irgendwelcher Art taugen, weder negativ noch positiv.

Auch das steht übrigens schon im ‚Leben des Galilei‘ und gehört zu den bemerkenswerten Widersprüchen dieser dramatischen Schöpfung. ‚Unglücklich das Land, das keine Helden hat!‘ In Wut und Verzweiflung über den Widerruf seines Lehrers ruft es Andrea. Galilei antwortet: ‚Nein. Unglücklich das Land, das Helden nötig hat.‘ Der Satz stammt noch aus der ersten Konzeption des Schauspiels, die den Widerruf als insgeheim zu billigenden Kompromiß verstanden hatte, weiterarbeiten zu können. [...]“

Einem besonderen Aspekt geht *Fritz Buri* nach (In: ‚Der unbequeme Dürrenmatt‘, 1962, S. 35–69): „[...] Doch auch noch in dieser gnadenlosen Komödie vermag an ein paar wenigen Stellen die Gnade sichtbar zu werden: im Widerschein ihrer Verkennung in einer frommen Verhöhnung und in hausbackener Verniedlichung, dann aber zum Schluß in der Form, in der sie dem Menschen in dieser heillosen Welt zuteil werden kann.

Um die gerade in einer bestimmten christlichen Frömmigkeit mögliche Verhöhnung der Gnade vorzuführen — aber doch wohl auch um noch in dieser Persiflage die christliche Gnadenbotschaft zu Worte kommen zu lassen, läßt Dürrenmatt den Missionar Rose, mit dem Frau Möbius sich inzwischen wiederverheiratet hat, in jenem Familienbesuch in der Irrenanstalt auftreten, bevor die Missionarsfamilie auf die Marianen abreist. Oskar, der ‚ein guter Prediger‘ ist und ‚alle Psalmen auswendig‘ kennt, empfindet in der Zahndschen Anstalt: ‚Wie still es hier ist! Wie freundlich. Ein wahrer Gottesfriede waltet in diesem Hause, so recht nach dem Psalmwort: Denn der Herr hört die Armen und verachtet seine Gefangenen nicht.‘ Seine ‚stramme‘ Beurteilung der Erscheinungen des Königs Salomo, von denen Möbius heimgesucht werden soll, als ‚traurige, beklagenswerte Verirrung‘, veranlaßt sogar die Ärztin zu der Bemerkung: ‚Als Theologe müssen sie doch immerhin mit der Möglichkeit eines Wunders rechnen‘.

Eine andere Form der Verhöhnung der Gnade verkörpert die hernach von Möbius erdrosselte Schwester Monika, die an ihn und seine Erscheinungen glaubt, ihn heiraten und sich für ihn und mit ihm für die ihm zuteil gewordene ‘Offenbarung’ einsetzen will. Sie möchte noch etwas anderes als Schwestern-Liebe und Aufopferung geben, einmal ‚für jemanden allein dasein, nicht immer für andere‘, und sie fühlt sich so allein in der Welt, in der sie sonst niemanden mehr hat. Sie weiß sich ihm wie Salomo vom Himmel geschickt und hat es eilig: ‚Wir müssen nun deine Koffer packen. Acht Uhr zwanzig geht der Zug. Nach Blumenstein.‘ Aber sie hat kein Verständnis für das, was Möbius ihr sagt, daß es ‚nun einmal nichts Anstößigeres‘ gibt ‚als Wunder in der Wissenschaft‘, daß es ‚tödlich‘ ist, ‚an den König Salomo zu glauben‘, daß Salomo ‚lebenslänglich‘ ihn ‚büßen‘ lasse, daß Mut in seinem Falle ‚ein Verbrechen‘ sei. Sie will einfach heiraten, und darum muß Möbius sie töten, weil sonst ‚das Geheimnis Salomos‘ verraten würde.

In menschlich-allzumenschlicher Weise wird die Gnade der Liebe auch durch Möbius' Frau verraten. In dem, was sie von ihrer Jugendliebe zu Johann Wilhelm erzählt, wie sie ihm das Studium ermöglichte, wie sie während ihrer ersten Ehejahre verdiente und dann den Aufenthalt in der Anstalt bestritt — ‚bestialische Summen‘ für ihn zahlte, wie Möbius sagt — ist echte Größe spürbar. Mit dem neuen Gatten, der — obschon

‚nicht robust' — mit seinen sechs zusätzlichen Buben ‚ein leidenschaftlicher Vater' ist, hat sie es ‚nicht leichter', und sie macht sich ‚die heftigsten Vorwürfe', ihr armes Johann-Wilhelmchen im Stich gelassen zu haben'. Doch jetzt ist sie eben ‚finanziell erschöpft', hat vor drei Wochen, ‚vielleicht etwas eilig', diesen Witwer Oskar geheiratet und läßt
5 nun die drei Buben ihrem Papi noch Blockflöte spielen — zur Verabschiedung nach den Marianen ... ‚Das Leben geht weiter', wie Fräulein Doktor tröstlich bemerkt.

Die einzige Haltung, die der Gnade entspricht, wird am Schluß von Möbius eingenommen: Es ist Endzeit, wenn die drei Physiker, vor sich hinstarrend, sich dem Publikum noch einmal vorstellen — Newton daran erinnernd, daß er ‚Bemerkungen zum
10 Propheten Daniel und zur Johannes Apokalypse' geschrieben habe, Einstein ‚Liebesleid' geigend. Möbius aber, der sich jetzt mit König Salomo identifiziert, zeichnet den Weg, der zum Gericht führt: ‚Ich war ein Fürst des Friedens und der Gerechtigkeit. Aber meine Weisheit zerstörte meine Gottesfurcht, und als ich Gott nicht mehr fürchtete, zerstörte meine Weisheit meinen Reichtum.' Und dann schildert er das Gericht: ‚Nun
15 sind die Städte tot, über die ich regiere, mein Reich leer, das mir anvertraut worden war, eine blauschimmernde Wüste, und, irgendwo, um einen kleinen, gelben, namenlosen Stern, kreist, sinnlos, immerzu, die radioaktive Erde.' Dieser Salomo ist nicht eine Gestalt, über die man sich ‚abseits vom Getriebe', sich davon ernährend, an einer ‚ausgebauten theologischen Fakultät' unterhalten oder mit der man als Physiker grausig-
20 blutigen Schabernack treiben kann — das Spiel ist aus: ‚Ich bin Salomo, ich bin Salomo'. Salomo ist übrigens die hebräische Form des Vornamens, unter dem Dürrenmatt als Schriftsteller bekannt geworden ist. Wir sind Salomo: Bettler geworden in der ‚an uns zugrunde' gegangenen Wirklichkeit. ‚Verrückt, aber weise'. ‚Gefangen, aber frei'. ‚Physiker, aber unschuldig' — wie die drei schon in jener Szene bekennen, in der sie auf
25 ihre ermordeten Krankenschwestern anstoßen. ‚Deine Liebe', sagt dort Möbius von Monika, ‚segne die Freundschaft, die wir drei Physiker in deinem Namen geschlossen haben. Gib uns die Kraft, als Narren das Geheimnis unserer Wissenschaft treu zu bewahren.' [...]"

Auch *Elisabeth Brock-Sulzer* hat sich zunächst mit einem Teilaspekt beschäftigt (In: ‚Der
30 unbequeme Dürrenmatt', 1962, S. 117–136: „[...] Wir treiben Klassik, statt daß sie uns treibt. Daß sie einen Dürrenmatt gegebenenfalls zu treiben und nicht nur anzutreiben, aufzustören vermag, das hat er mit seinem letzten Stück, den ‚Physikern' bewiesen. Das hat er auch schon früher bewiesen, etwa durch jene unauffällige Anmerkung in den ‚Theaterproblemen': ‚Die Schwierigkeiten der Dramatik liegen dort, wo sie niemand
35 vermutet, oft nur in der Schwierigkeit, sich zwei Personen begrüßen zu lassen oder in der Schwierigkeit des ersten Satzes.'
[...] Zu lernen war, die offene Gegensätzlichkeit zwischen dem Modellhaften und dem Welthaften in Dürrenmatts Werk zu begreifen, das heißt sie zu umgreifen und als kämpferische Einheit zu sehen. Der Dichter hat das dem Publikum bald leichter, bald
40 schwerer gemacht: leichter im ‚Romulus', vor allem in dessen zweiter Fassung, im ‚Besuch der Alten Dame', in den ‚Physikern', schwerer neulich in der ‚Oper einer Privatbank'. Man darf kaum prophezeien, der ‚klassische' Durchbruch der ‚Physiker' habe Ausbrüche wie die ‚Oper' für immer erledigt. Daß der Prozeß der Absetzung nicht zur Ruhe komme, ist wohl eine Grundbedingung von Dürrenmatts Schaffen.
45 Nie hat Dürrenmatt übrigens ‚konventioneller' gestaltet als in seiner ‚Oper' und in den ‚Physikern'. Nie war aber sein Thema ‚aktueller'. Beide Ausdrücke müssen in Anführungszeichen stehen, beide bedingen sich gegenseitig. Die Welt des Geldes, die Welt der Technik, tatsächlich wohl immer noch die realsten in unserem Dasein, ob wir es nun

55

wahrhaben wollen oder nicht, erforderten zu ihrer theaterhaften Gestaltung die größt-
mögliche Distanzierung. Eine solche ist die konventionelle Form. Selbst Balzac hat ja,
als er diese Welt auf der Bühne darstellte, seine Form zurückgedreht und ist beinahe bei
der Theaterform Beaumarchais' gelandet. Im Roman konnte er direkter gestalten. Das
Theater hat dagegen eine eingeborene Angriffigkeit, die ihre Puffer erfordert. Nähe und   5
Ferne bedingen sich auf der Bühne in einem ganz besonderen, nur der Bühne eigenen
Sinn. Vielleicht ist es gerade diese paradoxe Verbindung von Nähe und Ferne, die einen
Teil der Anziehung erklärt, der Dürrenmatt gefolgt ist, als er zum Theaterdichter wurde.
Nun kann der Theaterdichter freilich diese Ferne schon im Thema aufsuchen — Racine
hat es mit aller Bewußtheit getan. Dürrenmatt schafft gern aus unserer Welt heraus und   10
sehr sichtbar und eingestanden. Aber: Schlüsselwerke hat er nie geschrieben. Frank des
Fünften Privatbank ist nicht mit einem realen Namen zu bezeichnen. Es brauchte sich
kein Einzelner besonders getroffen zu fühlen. Die Klinik am Zürichberg, wo Bärlach zu
Tode operiert werden soll, ist nicht das so heilsame Sanatorium Bircher-Benners. Zweifellos aber hat auch ein Dürrenmatt seine Aufhänger in der Wirklichkeit. Er sieht ein Haus   15
und fragt sich plötzlich: Wie wäre das, wenn . . . ? Der Einfall spinnt sich aus, bleibt in dich-
terer oder dünnerer Verbindung mit dem realen Absprungspunkt und Absprungsmoment,
ergötzt sich an den immer paradoxeren Gegensätzen zu diesem Absprungsort, zieht daraus Witz und parodische Kraft, greift plötzlich mit einem Prankenschlag spielend zurück,
bekommt neuen Auftrieb durch den Widerstand, der durch die Entfernung vom Absprungs-   20
ort gewachsen ist, die Intervalle werden immer größer, immer eindrücklicher, in die Irre
geht der Leser oder Zuschauer, der dieses Spiel nicht mitmacht, indem er entweder sich
nicht zu lösen vermag vom ‚Aufhänger‘ oder diesen überhaupt nicht bemerkt. [. . .]"

Die knappe Gesamtdarstellung ‚Friedrich Dürrenmatt‘ von *Urs Jenny* geht 1965 erst-
malig auf ‚Die Physiker‘ ein (hier zitiert nach der 4. Auflage 1970, S. 80 f.):   25
   „[. . .] Die Physik ist — gesellschaftlich, nicht wissenschaftlich — in ein Dilemma
geraten, in eine effektiv unlösbare Situation. Den Erfordernissen des Dramas kommt
diese Zuständlichkeit nicht entgegen; Schauspiele, die sich dennoch mit diesem ‚funda-
mentalsten Menschheitsproblem seit der Frauenemanzipation‘ anlegen, die etwa im Gewissenskampf eines Physikers einen geradezu klassisch dimensionierten Tragödien-   30
Konflikt zwischen Pflicht und Neigung aufspüren, pflegen zu scheitern, weil ihre
Dramaturgie unabdingbar eine Entscheidung, eine Lösung verlangt — und die eben
kann, so oder so, nur theatralisch schlüssig sein, eine wirkungslose Attitüde. Auch Dürrenmatts Physiker dürfen ihren Gewissenskampf austragen und sich zu heroischem Selbst-
opfer durchringen, doch sie tun das in einer Lage, die ihnen die Wirkungslosigkeit ihrer   35
Attitüde sogleich drastisch vor Augen führt. Dürrenmatt hat jenen Dramentypus gefunden, der der ausweglosen Situation der Physik adäquat ist, weil er erlaubt, diese Aus-
weglosigkeit spannungsvoll zu enthüllen: die Situations-Komödie.
   Dieser gemeinhin 'Schwank' genannte, trotz Wedekinds Veredelungsversuchen (etwa
im ‚Liebestrank‘) geringgeachtete Dramentypus hat folgende Eigentümlichkeiten: a) Er   40
schafft Spannung nicht (wie die reine Komödie) dadurch, daß das Publikum in die
Intrigen eingeweiht ist, die dem Helden gespielt werden, sondern lebt von schlauer
Irreführung der Zuschauer und von drastischen Überraschungseffekten. b) Auf die anfänglich behauptete Identität der Personen ist kein Verlaß, fast jede offenbart erst auf
einem wirkungsvollen Höhepunkt, ihre Verkleidung abwerfend, ihr 'wahres Ich'.   45
c) Schauplatz eines Schwanks ist ein Zimmer mit zahlreichen Türen, die schnelle, mühe-
lose Wechsel der Figurenkonstellation auf der Szene und unerwartete Auftritte in jedem
passenden oder unpassenden Augenblick erlauben.

All diese dramaturgischen Merkmale gelten für ,Die Physiker', dennoch hat Dürrenmatt sein Schauspiel nicht als Schwank etikettiert (dazu ist es doch zu gewichtig), sondern mit unüberhörbarer Ironie darauf hingewiesen, daß es im aristotelischen Sinn die
Einheit von Raum, Zeit und Handlung streng einhalte: ,Einer Handlung, die unter Ver-
5 rückten spielt, kommt nur die klassische Form bei.' Zwar erscheint mancher Fin-de-Siècle-
Schwank wie ein komischer Zwillingsbruder des analytischen Dramas à la Ibsen, daß
aber die antike Tragödie auf andere Voraussetzungen baute, hat Dürrenmatt in seinem
Essay ,Theaterprobleme' (1954) scharfsinnig expliziert: Die Formstrenge und Konzentration eines analytischen Dramas wie ,König Ödipus', heißt es da in etwa, war nur
10 möglich, weil das Publikum die Geschichte kannte und somit den Autor der Notwendigkeit enthob, den Beginn seines Werkes mit einer langwierigen Exposition zu befrachten.
So konnte das Drama, erst dann einsetzend, wenn schon fast alles geschehen ist, wesentlich aus der Enthüllung seiner Vorgeschichte leben: überraschend für den Helden, nicht
für das Publikum.
15 Bei den ,Physikern' ist das, wie gesagt, anders: Dürrenmatt hält die listige Irreführung
des Publikums sogar in der langen novellistischen Einleitung zur Buchausgabe des
Stückes durch [...]"

Erst 1968 versucht *Elisabeth Brock-Sulzer* das Stück als Ganzes in den Griff zu bekommen (,Dürrenmatt in unserer Zeit', 1968, S. 39 ff.): „Ein Zufall dürfte es aber nicht sein,
20 daß Dürrenmatt daraufhin nach dreijähriger Pause, in die sich nur seine höchst wesent-
liche Schiller-Rede schiebt, sein 'einfachstes' Stück herausgebracht hat, die ,Physiker'.
Gleichzeitig beschäftigte ihn übrigens auch schon das Thema des ,Meteor' — beide
Stücke sind sich in gewissen Zügen ähnlich. Beide sind sie klassisch gebaut, das heißt,
sie richten sich streng nach der Regel von den drei Einheiten. Ihre Aufführungsdauer
25 entspricht genau der wirklichen Dauer der Handlung, und sie spielen beide in einem
einzigen Zimmer, das sich nicht einmal mehr verwandelt, wie das im ,Mississippi' immerhin geschehen war. Dürrenmatt sieht in den ,Physikern' und im ,Meteor' seine
schwerst zu spielenden Stücke. ,Da darf den Schauspielern nichts einfallen', meinte er
kürzlich.
30 Die Geschichte von dem Physiker Möbius [...] hat sich das Welttheater erobert. Vielleicht weil sie in die Mitte unserer Gegenwart und ihrer Angst vorstößt, sicher aber
auch, weil hier Dürrenmatt gerade durch die 'Einfachheit' des Stückes eine Schlag-
kraft erreicht hat wie wohl nur noch in der ,Alten Dame'. Diese beiden Stücke haben
ihm denn auch den bisher stärksten Erfolg eingetragen.
35 Natürlich muß man die Prämissen zunächst einmal annehmen; man darf sich etwa
nicht fragen, ob es nicht viel einfacher gewesen wäre, wenn Möbius sich umgebracht
hätte. Schwerer wäre ihm das nicht gefallen, als die geliebte Frau zu ermorden und sein
Leben lang den Verrückten zu spielen. Tut er es nicht, weil er damit eindeutig in die
Sphäre der Tragödie eingetreten wäre? Nun — die Frage ist einigermaßen müßig: das
40 Stück konnte als 'Komödie' (man nehme den Begriff so weit wie nur möglich) nur entstehen, wenn Möbius lebt. Wir müssen 'das Spiel mitspielen', um uns klar zu werden über
die Spielzüge des Autors. So wie es ist, reißt das Werk mit durch seine rasante Hand-
lungsführung, durch seine harten Umkehrungen, seine Theatercoups, seine neue Sprache. Denn nicht nur mit der klassischen Form hat Dürrenmatt hier etwas für ihn Neues
45 versucht: auch in der Sprache hat er sich gewandelt oder zum mindesten schon früher
begonnene Strebungen energisch weitergetrieben. Jetzt schreibt er unverkennbare
Theatersprache, unverkennbar jene Sprache, die gerade so viel ausdrückt, wie nötig ist,
den Schauspieler auf die richtige Bahn zu führen, damit er vollende, was zu leisten ist. 57

Die 'einfache', schmucklose Sprache der ‚Physiker' ist durchaus nicht Umgangssprache, sie ist nicht minder, nur weniger offen, stilisiert als die Sprache der früheren Stücke, sie hat ihre absichtlich erstellten Hürden, ihre versteckten Feierlichkeiten. Nur so können ja auch die schwierigsten Szenen des Stücks verwirklicht werden — ich denke da nicht an den fingierten Wahnsinnsausbruch des Möbius und an den echten der Ärztin, sondern an den Toast der Physiker auf die drei ermordeten Krankenschwestern, der auf gar keinen Fall komisch wirken darf, oder an die Liebesszene zwischen Möbius und Schwester Monika. Aber auch die Szene zwischen Möbius und seiner Familie ist 'naturalistisch' nicht zu verwirklichen, hier dürfen die Darsteller gerade nur tun, als seien sie natürlich.

Eine Wendung scheint sich in den 'Physikern' auch weltanschaulich abzuzeichnen: hat Möbius noch die ganze Kraft des 'tapferen Menschen', der bisher im Mittelpunkt von Dürrenmatts Welt stand? Wird seine unbezweifelbare Tapferkeit nicht grausam Lügen gestraft? Ein wenig so wie diejenige Matthaeis aus dem ‚Versprechen'? Wir wissen ja nicht einmal, wie eigentlich die letzten Worte der Physiker zu verstehen und zu spielen sind: werden diese zuletzt wirklich verrückt? Die Frage bleibt offen, was nicht die geringste Kühnheit des Werks ist. Und in den ‚21 Punkten zu den Physikern' steht: ‚Jeder Versuch eines einzelnen, für sich zu lösen, was alle angeht, muß scheitern.' Jedenfalls sind die ‚Physiker', bei allen grotesken und deshalb auch dem Lachen rufenden Elementen, ein schwarzes Stück, das wohl den Zuschauer mit allen Listen des Theaters der erbarmungslosen Wirklichkeit aussetzt, ihm aber keine Lösung anbietet — Dürrenmatt hat die Atomfrage nicht gelöst. Aber man muß schon sehr naiv und sehr optimistisch sein, will man solches dem Theater abverlangen.''

Zu der Frage: Wer ist wirklich verrückt? gibt *Armin Arnold* einen Hinweis (‚Friedrich Dürrenmatt', 1969, S. 80): „[...] Ist die Ärztin, Dr. Mathilde von Zahnd, wirklich verrückt? Es kommt darauf an, wie sie ihr Verhältnis zu König Salomo formuliert: meint sie es ernst, ist sie verrückt. Spricht sie ironisch und parodiert Möbius, dann ist sie so normal wie ihre Vorfahren — um des Geldes und der Macht willen bereit, die Welt zugrunde zu richten. Es ist natürlich ein Theatercoup, wenn sich zum Schluß herausstellt, daß die Verrückten normal und die Ärztin verrückt ist, aber die zweite Möglichkeit wäre raffinierter: sie ist so verrückt wie alle Menschen; nur drei sind 'normal', und diese befinden sich im Irrenhaus. [...]''

Das Standardwerk des Schweizers *Hans Bänziger* enthält vergleichsweise schmale Hinweise (‚Frisch und Dürrenmatt, 1971, S. 204–206): „[...] ‚Der Sieg ist dem goldenen König zugefallen. Endgültig.' Menschliche Weisheit, sehen wir jetzt — ein durchaus Dürrenmattscher Gedanke, und nicht unchristlich, wie man gemeint hat — führt in die Irre. Das wissenschaftliche Zeitalter führt zum Bankrott, und zwar nicht, wie Brecht im ‚Entwurf zu einem Vorwort' zum ‚Galilei' meinte, weil die Bourgeoisie im Bewußtsein des Wissenschaftlers die Wissenschaft isoliere, sondern weil es in der Natur der Wissenschaft selber liegt, daß sich die Formeln von der Erkenntnis isolieren (Newton zum Inspektor). Das ist paradox, nicht absurd, heißt es in den ‚21 Punkten'. Der Ausdruck paradox enthält viel mehr logische Elemente als absurd (surdus-taub). Ein Paradoxon ist auch die Möbius'sche Fläche, die im Unterschied zu anderen Flächen nur einseitig ist. Paradox ist sowohl die Wirksamkeit eines Physikers, wie die eines Missionars wie Oskar Rose.

Ein vortrefflicher Kommentar zum Stück ist Dürrenmatts Rezension von Robert Jungks Buch ‚Heller als tausend Sonnen', die 1956 unter dem Titel ‚Gefährliches Denken' erschien. Der Schluß lautete: ‚Der Abwurf der Bomben auf Japan, ja auch der Bau der Wasserstoffbombe hätte vermieden werden können. Im Grunde wußte niemand, was er tun sollte. Was 'technisch süß' war, verführte die meisten, und oft war es einfach nicht möglich, schuldlos zu bleiben. Daß alles menschlich verständlich ist, macht die Geschichte teuflisch. So entsteht schließlich der Eindruck, daß all diese apokalyptischen Bomben nicht erfunden wurden, sondern sich selber erfunden haben, um sich, unabhängig vom Willen einzelner, vermittels der Materie Mensch zu verwirklichen.'

Das unterhaltsam beginnende Denkspiel hat zu einem Kassandraruf geführt, das erschreckender klingt als bisherige Aufrufe gegen die Atomgefahr. In Frischs ‚Chinesische Mauer‘ war der Satz ‚Das Atom ist teilbar‘ als schmerzlich-traurige Mahnung erklungen, in Brechts ‚Leben des Galilei‘ war die Stimme eines Wahrheitsgläubigen zum Ausdruck gekommen, der Wahrheitswille könne zum Unheil führen. Dürrenmatt dagegen glaubt, daß der Mensch sein Wissen nicht zurücknehmen kann, daß unser Erkenntnisvermögen zwei Seiten hat: diejenige des gütigen Königs Salomo und die des nackten Königs, der die Atombombe ermöglicht. Daran ist nicht das bürgerliche Zeitalter schuld, sondern die Widersprüchlichkeit des Menschen. Dürrenmatts Ausgangspunkt im Denken über das wissenschaftliche Zeitalter ist von Brecht sehr verschieden; er denkt vom Ende her, Brecht glaubt an den Fortschritt dieser Epoche. Galilei, der Pionier, stößt auf eine Obrigkeit, die Widerrufung verlangt; Möbius zieht sich vor der Öffentlichkeit, die ihn zum Funktionär machen will, auf sich selbst zurück. Er leistet in seinem Innern noch so etwas wie einen hypokratischen Eid — wozu Galilei nach Brechts Meinung leider nicht imstande gewesen war. Galilei wird ein Verbrecher, Möbius, während einer für ihn entscheidenden, für den Zuschauer allerdings nicht miterlebbaren Zeitepoche, ein mutiger Mensch. Hans Mayer hat denn auch in dem wichtigen Aufsatz ‚Dürrenmatt und Brecht oder die Zurücknahme‘ behauptet, in diesem Werk habe sich Dürrenmatt mehr denn je von seinem Vorgänger zu lösen versucht. [...]“

Soweit die Auswahl der wissenschaftlichen Stellungnahmen. Ihr Spektrum ist breit. Es reicht von der bissigen Bemerkung, hier gebe sich ein gescheiter Kabarettist als Dramatiker aus, bis zu der Feststellung, dies sei das bisher gekonnteste Stück, ein künstlerischer Triumph. Es fällt auf, daß die einen das Problem der Atombombe ungern in der Form einer Komödie behandelt sehen, andere halten mit Dürrenmatt diese Form als die allein mögliche. Entsprechend meinen die einen, Dürrenmatt könne die Wirklichkeit nicht einfangen, die anderen: das Stück sei wirklichkeitsträchtig, setze den Zuschauer der erbarmungslosen Wirklichkeit aus. Beide Standpunkte sind interessant, ihre Mißverständnisse und Nuancen häufig überraschend.

Ebenso bunt sind die Meinungen zu einzelnen Teilen des Stücks. Die Ermordung der Krankenschwestern wird einmal als tragische Lösung einer unglücklichen Liebe, andererseits als intellektuell begründetes Sexualverbrechen bezeichnet. Die Familienszene nennt einer köstlich, ein Kabinettsstückchen, hier stimme aber auch alles, ein anderer hält die Szene für dramatischen Sauerteig.

Verschiedene Deutungen bemühen sich um eine Klärung, wer nun wirklich irrsinnig sei: die Physiker, die Welt, die Ärztin, die Krankenschwestern?

Schließlich gibt es Versuche, Dürrenmatt an Dürrenmatt zu messen, das Stück an den ‚21 Punkten‘.

5. Literaturverzeichnis

Übersicht

5.1. Bibliografien

J. Hansel
Friedrich-Dürrenmatt-Bibliographie
Bad Homburg v. d. H. 1968

K. W. Jonas:
Die Dürrenmatt-Literatur (1947–1967). In: Börsenblatt für den deutschen Buchhandel, Frankfurter Ausgabe, 24, 1968, 59 (23. 7. 1968), S. 1725–1738

E. Wilbert-Collins
A Bibliography of Four Contemporary German-Swiss Authors: Friedrich Dürrenmatt, Max Frisch, Robert Walser, Albin Zollinger. Bern/München 1967

5.2. Textausgaben von ‚Die Physiker‘

Einzelausgabe. Zürich 1962, 71 Seiten
Komödien II und Frühe Stücke. Zürich 1964
Ausgaben in diversen Ländern und Übersetzungen

5.3. Kommentare des Autors

5.3.1. Schriften

F. Dürrenmatt
21 Punkte zu den ‚Physikern‘. Geschrieben 13. 2. 1962, veröffentlicht am 21. 2. 1962 im Programmheft der Uraufführung in Zürich
Stil oder Stile? Programm München Kammerspiele 1957/58, H. 9
Standortbestimmung. Programm München Kammerspiele 1960/61, H. 2
Theaterprobleme. (Manuskript eines Vortrags vom Herbst/Frühjahr 1954/55). Zürich 1955
Anmerkungen zur Komödie. Sinn und Form XX, 1. S. 252–255
Die Villa. Regieanweisung. In: Stuttgarter Zeitung, 21. 2. 62

5.3.2. Reden, Interviews

F. Dürrenmatt
Dramaturgie des Publikums. In: FAZ, 8. 6. 1970 unter dem Titel ‚Im Theater haben wir nichts zu lachen‘.
Die Schweiz, das Theater, die Nachbeter und die Kunst (Teil der Berner Rede). In: FAZ, 4. 11. 69

M. Esslin
Talks to Dürrenmatt. Merciless Observer. In: plays and players, Vol. 10, No. 6, March 1963, S. 15–16

S. Melchinger
Wie schreibt man böse, wenn man gut lebt? Gespräch mit Friedrich Dürrenmatt. In: Theater heute, 9, 1968, 9, S. 6–8

H. Rode
Dürrenmatt oder: das Gift im Kaffee. Zu einem Streitgespräch zwischen Autoren, Dramaturgen und Kritikern. Neue Zeitung, 12. 11. 1954

E. Schumacher
Das Drama als Parabel und Störmanöver. Interview mit Friedrich Dürrenmatt. In: Deutsche Woche, 18. 1. 1961

E. v. Wiese
Ein Dichter blickt zu den Sternen. Gespräch mit dem Schweizer Autor Friedrich Dürrenmatt. In: Hamburger Abendblatt, 3. 3. 1962

5.4. Theaterkritiken

5.4.1. Uraufführung

Anonym
Dürrenmatts Farce vom Weltuntergang. Kurt Hirschfeld macht mit einer vorzüglichen Besetzung großes Theater in Zürich. In: Die Zeit, 2. 3. 1962

Anonym
Dürrenmatt, Im Irrenhaus. In: Der Spiegel, 1962, 9 (28. 2. 1962), S. 65—67

Anonym
‚Die Physiker‘. Dürrenmatt-Uraufführung im Schauspielhaus Zürich. In: Die Bühne, 1962, April, Heft 43, S. 18

H. Beckmann
Drei Leichen — drei Physiker. In: Rheinischer Merkur, 17, 1962, Nr. 9

E. Brock-Sulzer
Dürrenmatt der Klassiker. ‚Die Physiker‘. Uraufführung in Zürich. In: FAZ, 26. 2. 1962

J. Jacobi/O. Kalenter
Irre auf der Bühne. Zur Uraufführung der Komödie ‚Die Physiker‘ von Dürrenmatt. In: Die Zeit, 2. 3. 1962. In: Der Tagesspiegel, 1. 3. 1962

J. Kaiser
Die Welt als Irrenhaus. Dürrenmatts ‚Physiker‘ in Zürich uraufgeführt. In: Theater heute, 3, 1962, 4, S. 5—7

J. Kaiser
Friedrich Dürrenmatts Weltuntergangs-Libretto. Die Uraufführung der ‚Physiker‘ im Schauspielhaus Zürich. In: Süddeutsche Zeitung, 23. 2. 1962

F. Luft
Letzter Ernst — dargeboten als Ulk. In: Die Welt, 23. 2. 1962

S. Melchinger
Die Physiker im Tollhaus. Dürrenmatts neue Komödie in Zürich uraufgeführt. In: Stuttgarter Zeitung, 23. 2. 1962

W. Muschg
Dürrenmatt und die Physiker. In: Programmheft Schauspielhaus Zürich 1961/62, S. 5—10. (Siehe auch W. M.: Pamphlet und Bekenntnis. 1968, S. 352—56)

C. Riess
Friedrich Dürrenmatt — eine neue Welt auf der Bühne. In: Die Weltwoche, 23. 2. 1962

E. Schumacher
Die Verdammung der Physiker. In: Theater der Zeit, 17, 1962, 5, S. 68—71

A. Schwengler
Weltuntergang im Irrenhaus. In: Theater-Rundschau 8, 1962, 4, S. 2

J. Steiner
Ein moralisches Stück. Zu Friedrich Dürrenmatts Komödie ‚Die Physiker‘. In: Programmheft Schauspielhaus Zürich 1961/62, S. 10—14

G. Suter
Dürrenmatt und die Nutzanwendung. In: Die Weltwoche, 2. 3. 1962

W. H. Thiem
Im Spannungsfeld zwischen Wissenschaft und Weltzerstörung schlägt das Gewissen der Physiker. Uraufführung im Schauspielhaus. In: Frankfurter Abendpost, 24. 2. 1962

E. v. Wiese
Freiheit nur im Irrenhaus? ‚Die Physiker‘ uraufgeführt. In: Hamburger Abendblatt, 22. 2. 1962

5.4.2. Aufführungen in Deutschland

Anonym
Das Drama des Jahres — nach Zürich in München und Hamburg und demnächst in Berlin. In: Die Zeit, 5. 10. 1962

Anonym
Gang über europäische Bühnen. In: Das Schönste, 8, 1962, 3, S. 32—33

Anonym
Dürrenmatt: ‚Die Physiker‘. In: Stuttgarter Zeitung, 31. 12. 1962

Anonym
Rollen wie diese ... Dürrenmatts ‚Physiker'. Zur Frankfurter Inszenierung. In: FAZ, 5. 11. 1962

Anonym
Hamburger Schauspielhaus: Heiter bis makaber. In: Die Bühne, 1962, Dezember, H. 51, S. 26

J. Althoff
Der Irrenärztin fällt die Welt zu. In: Frankfurter Abendpost, 6. 10. 1962

H. Budach
Sprengstoff unter der Narrenkappe. Friedrich Dürrenmatts Komödie ‚Die Physiker' im Deutschen Schauspielhaus. In: Hamburger Echo, 1. 10. 1962

W. Drews
Die andere Seite. Dürrenmatts ‚Physiker' in München. In: FAZ, 29. 9. 1962

Ch. Ferber
Eiswind fegte ins Parkett. Die ‚Physiker' jetzt im Hamburger Deutschen Schauspielhaus. In: Die Welt, 1. 10. 1962

H. H. Holz
Tödlicher Mummenschanz. In: Programmheft Darmstadt, 1966/67, H. 9

C. Jauslin
Anmerkungen zu ‚Die Physiker'. In: Programmheft Städtische Bühnen Frankfurt, 1962/63, H. 5

R. Jungk
Physikerstädte. In: Programmheft Theater der Stadt Bonn, 1962/63, S. 37—38

W. Karsch
Und treiben mit Entsetzen Scherz. Hans Lietzau inszenierte ‚Die Physiker' von Friedrich Dürrenmatt im Schloßpark-Theater. In: Der Tagesspiegel, 10. 10. 1962

M. Köhler
Eine Komödie mit drei Leichen. Dürrenmatts ‚Physiker'. Deutsche Erstaufführung in München. In: Hamburger Abendblatt, 27. 9. 1962

P. Mertz
Dürrenmatts ‚Physiker'. In: Programmheft, Theater der Stadt Bonn 1962/63, S. 86—92

G. Penzoldt
Friedrich Dürrenmatts ‚Physiker'. In: Die Volksbühne, 13, 1962/63, S. 46—47

E. Plunien
Vom Entsetzlichen war keine Rede. In: Die Welt, 7. 6. 1963

H. M. Reifferscheidt
Münchner Theaterbrief. In: Die Weltbühne, 17, 1962, 45, S. 1431—1435

G. Szyszkowitz
Johann Wilhelm Möbius, Physiker. In: Programmheft Bonn, 1962/63, H. 3, S. 35/36

W. H. Thiem
Macht und Moral der Physiker. Premiere in den Münchner Kammerspielen. In: Frankfurter Abendpost, 24. 9. 1962

W. H. Thiem
Über den Umgang mit Physikern. (Harry Buckwitz inszenierte Dürrenmatt). In: Frankfurter Abendpost, 5. 11. 1962

H. Wanderscheck
Auch Dürrenmatts ‚Physiker' in Berlin erfolgreich. In: Hamburger Abendblatt, 11. 10. 1962

Ders.: Dürrenmatt fand Gefallen an den ‚Physikern'. In: Frankfurter Abendpost, 16. 10. 1962

E. Wendt
Mit dem Irrsinn leben? Anläßlich mehrerer Aufführungen von Dürrenmatts ‚Physikern'. In: Theater heute, 3, 1962, 12, S. 11—15

E. v. Wiese
Brillantes Ensemble mit Untertemperatur. In: Hamburger Abendblatt, 1. 10. 1962

S. Zweig
Viele Wege führen zu Dürrenmatt. In: Frankfurter Abendpost, 21. 5. 1963

5.4.3. Aufführungen im Ausland

Anonym
Brecht und Dürrenmatt in London. In: Stuttgarter Zeitung, 31. 1. 1963

Anonym
Die Linzer ‚Physiker'. In: Die Bühne, 1963, H. 56, S. 14

Anonym
,Die Physiker' – jetzt auch in Wien! In: Die Bühne (Wien), 1963, April, H. 55, S. 3

E. Capriolo
I fisici (Turin). In: Sipario, 20, 1965, H. 236, S. 107/8

H. Elsner
,Die Physiker' in Basel. In: Frankfurter Abendpost, 25. 1. 1963

G. W. van Loon
Kein schöner Herbst am Broadway. In: Die Bühne, 1964, Dezember, H. 75, S. 26

A. Natan
London: Dürrenmatts ,Physiker' und Brechts ,Mahagonny' im Kreuzfeuer heftiger Auseinandersetzungen in Englands Hauptstadt. In: Die Bühne (Wien), 1963, März, H. 54, S. 19

G. Porro
Tra Playlets e Non-Plays Trionfa Dürrenmatt (London). In: Sipario, Februar 1963, Nr. 202, S. 20–21

H. Sahl
Erwartungen wurden enttäuscht. (New York) In: Die Welt, 4. 12. 1964

J. R. Taylor
The moral is ... (London). In: plays and players, März 1963, 6, S. 44–45

5.5. Buch- und Zeitschriftenveröffentlichungen zu ,Die Physiker'

5.5.1. Darstellungen von Dürrenmatts Gesamtwerk

B. Allemann
Die Struktur der Komödie bei Frisch und Dürrenmatt. In: H. Steffen (Hrsg.): Das deutsche Lustspiel, Bd. 2, Göttingen 1969, S. 200–217

A. Arnold
Friedrich Dürrenmatt. Berlin 1969 (= Köpfe des XX. Jahrhunderts, 57)

H. Bänziger
Frisch und Dürrenmatt. Berlin und München, [6]1971

E. Brock-Sulzer
Dürrenmatt in unserer Zeit. Eine Werkinterpretation nach Selbstzeugnissen. Basel 1968, S. 39–42

E. Brock-Sulzer
Stationen seines Werkes. Zürich 1960 ([2]1964)

E. Brock-Sulzer
Friedrich Dürrenmatt. In: Der Monat, 15, 1963, Mai, H. 176, S. 56–60

U. Jenny
Friedrich Dürrenmatt. Velber/Hannover, [4]1970

Chr. Jauslin
Friedrich Dürrenmatt – zur Struktur seiner Dramen. Zürich 1964

M. Kesting
Panorama des zeitgenössischen Theaters. 50 literarische Porträts. München 1962, S. 224–228

J. Müller
Max Frisch und Friedrich Dürrenmatt als Dramatiker der Gegenwart. In: Universitas, 17, 1962, 7, S. 725–38

K. Niehoff
Stimmt es – stimmt es nicht? Porträts, Kritiken, Essays 1946–1962. Dort: Tragödien finden fröhlich statt. Friedrich Dürrenmatt. Februar 1962. Herrenalb 1962, S. 136, 139

K. Schulz
Die dramatischen Experimente Friedrich Dürrenmatts. In: Deutsche Rundschau, 84, 1958, 7, S. 657–663

5.5.2. Einzelne Aspekte

M. Boveri
Chronologie und Skala der Schuldgefühle. In: Programmheft Städtische Bühnen Frankfurt, 1962/63. H. 5

E. Brock-Sulzer
Dürrenmatt und die Quellen. In: Der unbequeme Dürrenmatt, Basel 1962, S. 117–136

F. Buri
Der ,Einfall' der Gnade in Dürrenmatts dramatischem Werk. In: Der unbequeme Dürrenmatt. Basel 1962, S. 35–69

Der unbequeme Dürrenmatt
Mit Beiträgen von: G. Benn, E. Brock-Sulzer, Fr. Buri, R. Grimm, H. Mayer, W. Oberle. Basel/Stuttgart, 1962 (= Theater unserer Zeit, Bd. 4)

R. Grimm
Parodie und Groteske im Werk Dürrenmatts. In: Der unbequeme Dürrenmatt. Basel 1962, S. 71–96

H. Mayer
Dürrenmatt und Brecht oder Die Zurücknahme. In: Der unbequeme Dürrenmatt (1962), S. 97 bis 116. (Nachgedruckt in H. M.: Dürrenmatt und Frisch. Anmerkungen. Pfullingen 1963, S. 5–21 = Opuscula 4)

S. Melchinger
Einfall und Zufall. Friedrich Dürrenmatt: Theaterschriften und Reden. In: FAZ, 20. 9. 1966

T. Mérai
Die verstümmelten ,Physiker'. In Ungarn sind auch Übersetzer nicht frei. In: Der Tagesspiegel, 18. 11. 1962

W. Oberle
Grundsätzliches zum Werk Friedrich Dürrenmatts. In: Der unbequeme Dürrenmatt. Basel 1962 (Theater unserer Zeit 4), S. 9–29

R. Stickelberger
Weltsensation des Theaters? In: Reformatio 11, 1962, 3, S. 158–162